L'homme qui a secoué la Terre

Arthur Cheney Train, Robert Williams Wood

Writat

Cette édition parue en 2023

ISBN : 9789359259543

Publié par
Writat
email : info@writat.com

Contenu

PROLOGUE

Au 1er juillet 1916, la guerre avait impliqué toutes les nations civilisées du globe, à l'exception des États-Unis d'Amérique du Nord et d'Amérique du Sud, qui avaient jusqu'alors réussi à maintenir leur neutralité. La Belgique, la Hollande, le Danemark, la Suisse, la Pologne, l'Autriche, la Hongrie, la Lombardie et la Serbie avaient été dévastées. Cinq millions d'êtres humains adultes mâles ont été exterminés par les machines de guerre, par la maladie et par la famine. Dix millions de personnes étaient paralysées ou invalides. Quinze millions de femmes et d'enfants sont devenus veuves ou orphelins. Il n'y avait pas d'industrie. Aucune récolte n'a été récoltée ou semée. L'océan était dépourvu de voiles. Dans toute la chrétienté européenne, les femmes avaient remplacé les hommes comme ouvriers des champs, ouvrières , mécaniciennes, marchands et fabricants. La dette amalgamée des nations impliquées, s'élevant à plus de 100 000 000 000 de dollars, avait mis le monde en faillite. Pourtant, les armées affamées continuaient à s'entre-tuer.

La Sibérie était un vaste charnier de Tartares, de Chinois et de Russes. L'Afrique du Nord a été un holocauste. À moins de soixante milles de Paris se trouvait une armée de deux millions d'Allemands, tandis que trois millions de Russes avaient investi Berlin. En Belgique, une armée anglaise de huit cent cinquante mille hommes affrontait une force égale de Prussiens et d'Autrichiens, aucun n'osant prendre l'offensive.

Le génie inventif de l'humanité, stimulé par les exigences de la guerre, avait produit une multitude de mécanismes mortels, dont la plupart avaient été à leur tour rendus inefficaces par une contre-invention d'une autre nation. Trois de ces produits du cerveau humain restent cependant non neutralisés et expliquent en grande partie l'impasse dans laquelle se trouvent les armées hostiles. L'un d'eux avait révolutionné la guerre en campagne, et les deux autres avaient détruit les deux éléments les plus importants de la campagne préliminaire : l' avion et le sous-marin. Les dirigeables allemands avaient tous été anéantis au cours des dix premiers mois de la guerre lors de leur grand raid transmanche par des bombes de contact Pathé traînées au bout de câbles par des avions français volant à haute altitude. Bien entendu, cela avait été prédit dès le début avec confiance par le ministère de la Guerre français. Mais en novembre 1915, les flottes aériennes alliées et allemandes avaient été effacées des nuages par les canons vortex de Federston , qui, en projetant un anneau d'air tourbillonnant à une hauteur de plus de cinq mille pieds, froissaient l'engin au milieu du ciel comme si beaucoup de papillons dans un simoon.

La deuxième de ces inventions capitales fut le dispositif du capitaine Barlow destiné à détruire les périscopes des sous-marins, les rendant ainsi aveugles et impuissants. Une fois forcés à remonter à la surface, ces embarcations étaient facilement détruites par des tirs d'armes à feu ou conduites vers un refuge maussade dans des ports protecteurs .

La troisième invention, et peut-être la plus importante, fut les boulettes d'iodure d'azote de Dufay, qui, lorsqu'elles étaient semées par des canons pneumatiques sur les pentes d'un champ de bataille, sur le sol à l'extérieur des retranchements ou autour du glacis d'une fortification, rendaient l'approche d'une armée attaquante impossible et la position imprenable. Ces plombs, de la taille d'une balle d'oiseau n° 4 et inoffensifs hors de contact avec l'air, devenaient hautement explosifs deux minutes après avoir été dispersés sur le sol, et tout frottement les déchargerait avec une force suffisante pour fracturer ou disloquer les os. du pied humain ou pour mettre hors service la jambe d'un cheval. La victime qui tentait de s'enfuir a inévitablement subi des blessures encore plus graves, et aucune aide n'a pu être apportée aux blessés, car il était impossible de les atteindre. Un champ bien planté de tels plombs constituait une barrière infranchissable pour l'infanterie ou la cavalerie, et toute attaque contre une position fortifiée était donc vouée à l'échec. C'est seulement par la surprise qu'un général pouvait espérer remporter une victoire. La guerre offensive était presque au point mort.

L'Allemagne s'était emparée de la Hollande, du Danemark et de la Suisse. L'Italie avait annexé la Dalmatie et le Trentin ; et une nouvelle république slave était née de ce qui avait été la Hongrie, la Croatie, la Bosnie-Herzégovine, la Serbie, la Roumanie , le Monténégro, l'Albanie et la Bulgarie. La Turquie avait disparu de la carte de l'Europe ; tandis que les États-Unis d'Amérique du Sud, composés des républiques sud-américaines hispanophones, avaient été formés. La mortalité s'est maintenue à une moyenne de deux mille par jour, dont 75 pour cent. était dû à la famine et à la peste. Le commerce maritime avait complètement cessé, et par conséquent les navires marchands de toutes les nations pourrissaient sur les quais.

L'empereur d'Allemagne, les rois d'Angleterre et d'Italie avaient tous volontairement abdiqué en faveur d'une forme de gouvernement républicain. L'Europe et l'Asie étaient devenues folles, hystériques de peur et de sang. Autant tenter d'apaiser une meute de chiens enragés et combattants que ces myriades endiablées avec leurs généraux à moitié fous. Ces armées gisaient sur le beau sein de la terre comme des monstres mourants, cramoisis dans leur propre sang, mais toujours capables de se tordre vers le haut et d'infliger la mort à quiconque pourrait s'approcher. Ils étaient dans une impasse, mais chacun craignait de faire les premiers pas en faveur de la paix. Il n'y avait en réalité même plus de nation anglaise ou allemande. C'était une orgie d'homicides, dans laquelle les meilleurs de l'humanité étaient détruits sans raison, ne laissant que les chétifs, les faibles d'esprit, les difformes et les inefficaces pour perpétuer la race.

je

Il était trois heures trois minutes après le midi dans la salle d'opération de la nouvelle station sans fil récemment installée à l'Observatoire naval des États-Unis à Georgetown. Bill Hood, l'opérateur de l'après-midi, était assis en manches de chemise, ses récepteurs aux oreilles, fumant une pipe en épi de maïs et attendant un appel du navire amiral *Lincoln* de la patrouille de l'Atlantique Nord avec lequel, quelque part près de Hatteras, il était en communication. quelques instants avant. L'air était calme.

Hood était un gros homme, et donc bien sûr de bonne humeur ; mais il prenait son travail au sérieux et détestait tous les amateurs gênants. Ces derniers temps, ces parasites sans fil étaient devenus particulièrement odieux, car pratiquement tout était envoyé en code et ils n'avaient rien de quoi s'occuper. Mais il faisait chaud et aucun d'entre eux ne semblait être au travail. Sur un côté de son bureau, un grand thermomètre indiquait que la température de la pièce était de 91 degrés Fahrenheit ; de l'autre, une grande horloge, reliée à quelque mécanisme étranger par un système compliqué de tiges et de fils de laiton, marquait les minutes et les secondes avec une étrange conscience métallique, comme si elle était consciente de sa propre importance en tant que montre officielle, comme dans la mesure où il existait une montre officielle pour l'ensemble des États-Unis d'Amérique.

Hood testait de temps en temps ses convertisseurs et son détecteur, puis reprenait son étude non officielle des aventures d'un grand détective qui poursuivait l'étonnant criminel à l'aide de toutes les dernières découvertes scientifiques. Hood pensait que c'était une bonne chose, même s'il savait en même temps, bien sûr, que c'était de la pourriture. C'était un homme pratique, peu imaginatif et, même si le détective ne l'intéressait pas particulièrement, il aimait la partie scientifique des histoires. Il était économe, d'origine écossaise-irlandaise, et à trois heures deux minutes, il n'avait jamais vécu d'aventure de sa vie. À trois heures trois minutes, il commençait sa carrière comme l'une des célébrités du monde.

Alors que l'aiguille des minutes de l'horloge officielle tombait dans son emplacement, quelqu'un appela l'Observatoire naval. L'appel était si faible qu'il était à peine audible, malgré le fait que l'instrument de Hood était réglé pour une vague de trois mille mètres . Supposant tout naturellement que l'appelant avait une onde plus courte, il coupa progressivement l'inductance de son récepteur ; mais le son s'est complètement évanoui, et il est revenu à son inductance d'origine et a shunté son condensateur, après quoi l'appel a immédiatement augmenté en volume. De toute évidence, l'autre type utilisait une grosse vague, plus grosse que Georgetown.

Hood fronça les sourcils et regarda autour de lui. Sur une étagère au-dessus de son instrument se trouvait l'une des nouvelles bobines de ballast qu'Henderson avait utilisées avec les longues ondes des éclairs, et il se pencha et connecta la lourde spirale de fil étroitement enroulé, la jetant dans son circuit. Instantanément, les téléphones parlèrent si fort qu'il put entendre le cri aigu de l'étincelle même depuis l'endroit où les combinés étaient posés à côté de lui sur la table. Les attachant rapidement à ses oreilles, il écouta. Le son était clair, aigu et métallique, et bien plus aigu que l'appel d'un navire. Ce ne pouvait pas être la *Lincoln* .

"Par la gomme!" marmonna Hood. "Ce type doit avoir une longueur d'onde de douze mille mètres avec cinquante kilowatts derrière lui, bien sûr ! Il n'y a pas d'autre station au monde qui ne puisse le capter !"

"NAA—NAA—NAA", fut l'appel.

Jetant son rhéostat, il envoya un « OK » en réponse et attendit avec impatience, un crayon à la main. Un instant de plus, et il laissa tomber son crayon avec dégoût.

"Juste un autre bug !" » fit-il remarquer à haute voix au thermomètre. "Ça devrait être empoisonné ! Mais quelle longueur d'onde de baleine !"

Pendant plusieurs minutes, il écouta attentivement, car l'amateur envoyait avec insistance, répétant tout deux fois comme s'il était sérieux.

"C'est vraiment un joyeux farceur," marmonna Hood, cette fois à l'horloge. "Ça doit être assez difficile de trouver quelque chose à faire !"

Puis il éclata de rire et reprit le crayon. Cet amateur, quel qu'il soit, était presque aussi bon que son roman policier. Le "bug" a appelé l'Observatoire naval une fois de plus et a commencé à répéter l'intégralité de son message pour la troisième fois.

« À toute l'humanité » — il s'adressa modestement — « À toute l'humanité — À toute l'humanité — Je suis le dictateur — du destin humain — Par la rotation de la terre — Je contrôle — le jour et la nuit — l'été et l'hiver — J'ordonne la — la cessation. des hostilités et — l'abolition de la guerre sur le globe — je nomme les — États-Unis — comme mon agent à cet effet — Comme preuve de ma puissance, j'augmenterai la durée du jour — de minuit à minuit — du jeudi 22 juillet. , dans un délai de cinq minutes.— PAX ."

Le joyeux plaisantin, après avoir répété ainsi son message extraordinaire à toute l'humanité, cessa d'envoyer.

"Eh bien, je serai pendu !" haleta Bill Hood. Puis il remonta son détecteur magnétique et envoya un défi de réponse dans l'éther.

"Est-ce que... les... trucs... drôles !" » cracha-t-il. « Et déconnectez-vous – ou – nous révoquerons – votre licence ! »

"Quelle culot !" grogna-t-il en repliant la feuille de papier jaune sur laquelle il avait noté le message à toute l'humanité et en la glissant dans son livre comme marqueur. "Tous ces imbéciles ne sont pas encore morts !"

Puis il a récupéré la *Lincoln* et s'est mis au vrai travail. Le "bug" et son message sont passés de mémoire.

II

Le jeudi après-midi suivant, un étranger en sueur et poussiéreux de Saint-Louis, qui, avec le Metropolitan Art Museum comme objectif, traversait avec lassitude Central Park, à New York, à deux heures, s'arrêta pour regarder avec un certain intérêt le obélisque connu sous le nom d'Aiguille de Cléopâtre. La chaleur montait en vagues chatoyantes sur l'asphalte de la chaussée, mais l'étranger était habitué à la chaleur et il était consciencieusement occupé à visiter New York. En face du Musée, il s'assit sur un banc à l'ombre d'un cornouiller fané et essuya l'humidité de ses yeux. L'éclat des boulevards non protégés était formidable. Dans ces conditions quelque peu défavorables , il était occupé à étudier le monument de la splendeur passée de l'Egypte lorsqu'il éprouva une légère sensation de traînage. C'était indéfinissable et n'avait aucun concomitant visuel. Mais c'était comme si les freins étaient doucement appliqués sur un train Pullman. Il était le seul être humain du quartier ; pas même un policier n'était visible ; et l'expérience lui a donné un sentiment effrayant. Puis, à son grand étonnement, l'Aiguille de Cléopâtre tomba lentement de son piédestal et tomba avec fracas sur la chaussée. Au début , il pensa à une illusion d'optique et s'essuya à nouveau les yeux, mais il n'en était rien. Le monument, qui tout à l'heure indiquait le zénith, gisait maintenant brisé en trois morceaux sur le béton ramolli de l'allée. L'étranger se leva et examina les fragments du monolithe, dont l'un se trouvait juste en travers de la route, barrant tout passage. Autour du piédestal étaient éparpillés de petits morceaux de granit brisé, et parmi ceux-ci, après avoir soigneusement regardé autour de lui, il en choisit un avec soin et le plaça dans sa poche.

"Mon Dieu !" se murmura-t-il alors qu'il se précipitait vers la Cinquième Avenue. "Ce sera juste quelque chose à leur dire à la maison ! Hein, Bill ?"

La sensation de traînée éprouvée par le touriste de Saint-Louis a été ressentie par plusieurs millions de personnes dans le monde entier, mais, comme dans la plupart des pays, elle s'est produite en même temps que des secousses et des tremblements de terre prononcés , elle est pour la plupart passée inaperçue en tant que phénomène spécifique. phénomène individuel.

Hood, dans la salle de radio de Georgetown, entendit soudain dans ses récepteurs un rugissement semblable à celui de Niagara et les retira rapidement de ses oreilles. Il n'avait jamais connu une telle statique. Il était familier avec les perturbations électriques dans l'éther, mais cela dépassait tout ce qu'il avait pu expérimenter. De plus, lorsqu'il essaya ensuite d'utiliser ses instruments , il découvrit que quelque chose avait mis tout l'appareil hors service. Environ une heure plus tard, il a ressenti une pression prononcée dans ses tympans, qui s'est progressivement atténuée. La radio a refusé de fonctionner pendant près de huit heures, et elle était encore récalcitrante lorsqu'il a quitté son service à sept heures. Il n'avait pas senti le frémissement de la terre autour de Washington et, étant un homme sans imagination, il acceptait avec philosophie les autres faits de la situation. La statique disparaîtrait, et Georgetown serait alors de nouveau en communication avec le reste du monde, c'était tout. À sept heures, l'équipe de nuit arriva, et Hood lui emprunta une pipe de tabac et enfila son manteau.

"Dis, Bill, as-tu ressenti le choc ?" » demanda l'équipe en raccrochant son chapeau et en prenant une allumette des mains de Hood.

"Non", répondit celui-ci, "mais la statique a fait clignoter la machine. Elle se remettra d'elle-même dans une heure environ. L'air est gommeux d'ions. Choc, avez-vous dit ?"

"Bien sûr. J'en ai eu partout dans le pays. Dites, les garçons de l'observatoire magnétique prétendent que leur boussole s'est déplacée vers l'est et l'ouest au lieu du nord et du sud, et est restée ainsi pendant cinq minutes. Vous n'avez pas senti la pression de l'air ? Je "Je devrais m'inquiéter ! Et disons, je suis juste passé dans le bureau du service météorologique et j'ai regardé le baromètre. Elle avait bondi d'un demi-pouce en deux secondes environ, s'était tortillée un peu, puis était revenue à la normale. Vous pouvez voir la courbe vous-même si vous demandez à Fraser de vous montrer le barographe à enregistrement automatique. Certains le font , je vous le dis ! »

Il hocha la tête avec un air important.

"Croyez-vous sur parole," répondit Hood sans émotion, à l'exception d'un léger agacement face à l'arrogance de l'autre d'informations supérieures. "" Ce n'est pas la première fois qu'il y a un tremblement de terre depuis la création." Et il sortit d'un pas tranquille, se dirigeant vers les portes derrière lui.

L'équipe de nuit s'installa devant les instruments avec un air morne et résigné.

"Dis," marmonna-t-il à voix haute, "tu ne pourrais pas frapper cet homme avec une bombe de treize pouces ! Il ne se frotterait même pas !"

Hood, quant à lui, achetait un journal du soir et marchait lentement jusqu'au quartier où il habitait. C'était une belle nuit et il n'y avait pas d'agitation particulière dans les rues. Sa femme a ouvert la porte.

"Eh bien," le salua-t-elle, "je suis heureuse que tu sois enfin rentré à la maison. J'avais très peur que quelque chose ne t'arrive. Un tel tremblement, un tel grondement et un tel cliquetis que je n'ai jamais entendu ! L'as-tu ressenti ?"

"Je n'ai rien ressenti !" répondit Bill Hood. — Quelqu'un a dit qu'il y avait eu un choc, c'est tout ce que j'ai entendu. La machine est déréglée.

"Ils ne vous en voudront pas, n'est-ce pas ?" » demanda-t-elle anxieusement.

"Vous pariez qu'ils ne le feront pas !" il a répondu. "Regarde ici, j'ai faim. Les gaufres sont prêtes ?"

« Ayez- les en un tournemain ! » elle a souri. "Entrez et lisez votre journal."

Il fit ce qui lui était demandé et s'assit dans un fauteuil à bascule sous la lumière du gaz. Après avoir parcouru l' actualité du baseball , il est revenu à la première page. Le journal était une édition assez tardive, contenant des notes télégraphiques à jour. Dans la colonne centrale , à côté de l'annonce de l'anéantissement de trois régiments entiers de Silésiens par l'explosion de nitroglycérine dissimulée dans de faux affûts de canons, se trouvait ce qui suit :

LES CHUTES DE L'AIGUILLE DE CLÉOPÂTRE

UN TREMBLEMENT DE TERRE DÉTRUIT UN MONUMENT CÉLÈBRE

DES CHOCS RESSENTIS ICI ET PARTOUT AUX ÉTATS-UNIS

Washington a été frappé par une succession de secousses sismiques en début d'après-midi, qui, avec des forces variables, ont été ressenties partout aux États-Unis et en Europe. Il n'y a eu que peu de dégâts, mais ceux qui avaient des bureaux dans des immeubles de grande hauteur ont vécu une expérience désagréable qu'ils n'oublieront pas de sitôt. Un phénomène particulier accompagnant cette perturbation sismique était la variation de l'aiguille magnétique de plus de quatre-vingts degrés du nord à l'est et une montée et une descente extraordinaires du baromètre. Toutes les communications sans fil ont dû être abandonnées en raison de l'ionisation de l'atmosphère et, au moment où cette édition était sous presse, elles n'avaient pas repris. Des télégrammes transmis par Colon signalent des troubles similaires en Amérique du Sud. À New York, le monument de Central Park connu sous le nom d'Aiguille de Cléopâtre a été éjecté de son piédestal et brisé en trois morceaux. Le contrat pour sa réparation et son remplacement a déjà été attribué. Le célèbre monument était un cadeau du Khédive d'Égypte aux États-Unis et se trouvait autrefois à Alexandrie. Feu William H. Vanderbilt a pris en charge les frais de transport du produit vers ce pays.

Bill Hood a lu ceci avec peu d'intérêt. Les Giants avaient fait sortir le lanceur des Braves de la surface, et un tremblement de terre semblait une mince affaire. Son esprit ne revint pas une seule fois au mystérieux message de Pax la veille. Il pensait à quelque chose de bien plus important.

"Dis, Nellie," demanda-t-il en jetant le papier avec impatience, " ces gaufres ne sont- elles pas encore prêtes ?"

III

Le même soir, jeudi 22 juillet, deux astronomes attachés à l'Observatoire naval étaient assis dans la pénombre de la salle du cercle méridien et regardaient le firmament balayer lentement l'ouverture de la lentille géante. La chambre était aussi calme que la tombe, les deux hommes parlaient rarement pendant qu'ils notaient leurs observations. Paris pourrait être pris, Berlin rasé, Londres incendiée ; un million d'êtres humains pourraient être projetés dans l'éternité, ou les cris de créatures mutilées gisant en tas avant que des enchevêtrements de barbelés jonchés de pellets ne déchirent la nuit d'été ; les grands cuirassés de ligne pouvaient plonger au fond, emportant avec eux leurs équipages ; et les morts de deux continents pourrissent sans sépulture – et pourtant, immobiles, les étoiles poursuivraient leur marche nocturne à travers les cieux, le jour cruel suivrait la nuit impitoyable, et la terre insouciante suivrait son orbite habituelle comme si la race ne se tordait pas dans son agonie mortelle. En contemplant l'infini de l'espace, l'existence humaine ne semblait être qu'une écume sur une mare , la guerre humaine n'était qu'une frénésie d' insectivores . Sans se soucier des hordes affamées de Paris et de Berlin, de la Russie ravagée par la peste ou des milliers de noyés de la flotte de la Baltique du Nord, ces deux hommes étudiaient calmement le cortège des étoiles, la progression de l'univers à travers l'espace et les spectres. des mondes nouveau-nés ou mourants.

C'était une nuit d'une chaleur suffocante et leurs fronts puaient la sueur. Des formes sombres sur les murs de la pièce indiquaient ce qui, de jour, était un enchevêtrement d'instruments d'horlogerie et d'enregistrement, reliés par électricité à divers boutons et interrupteurs sur la table. Le frère de la grande horloge de la salle d'opération sans fil était accroché à proximité, son cadran éclairé par une petite lampe électrique, indiquant qu'il était onze heures cinquante. Parfois, le plus jeune faisait une remarque à voix basse, et l'aîné écrivait quelque chose sur une carte.

"La vision est mauvaise ce soir", a déclaré Evarts, le plus jeune homme. "L'air supérieur est plein de stries et, même si la nuit semble claire, tout semble sombre - une brume volcanique probablement. Peut-être que les îles Aléoutiennes sont de nouveau en éruption."

"Très probablement", répondit Thornton, l'astronome aîné. "Les chocs de cet après-midi indiqueraient quelque chose de ce genre."

"Curieuse performance de l'aiguille magnétique. On dit qu'elle a tenu plein est pendant plusieurs minutes", a poursuivi Evarts, espérant engager la conversation avec son aîné - presque impossible, comme il le savait bien.

Thornton ne répondit pas. Il observait attentivement l'approche infinitésimale d'une certaine étoile par rapport à la ligne méridienne, marquée par un fil traversant l'ouverture du cercle. Lorsque ce point lumineux traverserait le fil, il serait minuit et le 22 juillet 1916 disparaîtrait à jamais. Chaque minuit, les étoiles indicatrices traversaient le fil exactement à l'heure, chaque nuit un peu plus tôt que la veille, d'une quantité définie et calculable, en raison de la marche de la terre autour du soleil. Ils avaient donc franchi les limites dans tous les observatoires depuis l'invention des horloges et des télescopes. Jusqu'à présent, quel que soit le cataclysme de la nature, l'étoile avait toujours franchi la ligne d'arrivée non pas une seconde trop tôt ou une seconde trop tard, mais exactement à l'heure. C'était la seule chose positivement prévisible, prévisible sur dix ou dix mille ans par un simple calcul mathématique. C'était plus sûr que la mort ou le fisc. C'était absolu.

Thornton était un homme réservé, peu bavard – impersonnel, méthodique et sérieux. Il y passa de nombreuses nuits avec Evarts, échangeant à peine une phrase avec lui, et seulement sur un sujet directement lié à leur travail. Evarts pouvait vaguement voir son long et grave profil penché sur son oculaire, enveloppé dans les ombres lourdes de l'autre côté de la table. Il éprouvait un grand respect, voire de la tendresse, pour ce scientifique taciturne, de principes et dévoué. Il ne l'avait jamais vu excité, presque jamais excité. C'était un homme de chiffres, dont la seule passion semblait être la « musique des sphères ».

Un long silence s'ensuivit, pendant lequel Thornton parut penché plus intensément que jamais sur son oculaire. L'aiguille de la grande horloge glissa progressivement jusqu'à minuit.

"Il y a quelque chose qui ne va pas avec l'horloge", dit soudain Thornton, et sa voix semblait curieusement sèche, presque contre nature. "Téléphonez à la salle équatoriale pour le moment."

Intrigué par la manière de Thornton, Evarts a suivi les instructions .

"Minuit quarante secondes", fut la réponse de l'observateur équatorial.

Evarts répéta la réponse à l'intention de Thornton, tout en regardant sa propre horloge. Il indiquait exactement quarante secondes après l'heure. Il entendit Thornton réprimer quelque chose qui ressemblait à un serment.

"Il y a quelque chose qui ne va pas !" répéta bêtement Thornton. "Aeta n'est pas à moins de cinq minutes de la traversée. Les deux horloges ne peuvent pas se tromper !"

Il appuya sur un bouton connecté à la salle sans fil.

"Quelle heure est-il?" » cria-t-il brusquement à travers le tube nickelé.

"Quarante-cinq secondes après l'heure", fut la réponse. Puis : "Mais je veux vous voir, monsieur. Il se passe quelque chose d'étrange. Puis-je entrer ?"

"Viens!" » a presque crié Thornton.

Un instant plus tard, le visage rouge de Williams, l'opérateur de nuit, apparut dans l'embrasure de la porte.

"Excusez-moi, monsieur", balbutia-t-il, "mais quelque chose de violent a dû se produire ! Je pensais que vous devriez le savoir. La Tour Eiffel essaie de nous parler depuis plus de deux heures, mais je ne comprends pas ce qu'il dit. "

"Qu'est-ce qu'il y a : l'atmosphère ?" claqua Evarts.

"Non, l'air en *était* plein, monsieur, en train de crier avec eux, pourrait-on dire, mais ils se sont arrêtés maintenant. Le problème, c'est que j'ai été brouillé par la station de Bruxelles qui parlait au Congo belge - même longueur d'onde - et je ne pouvais pas ignorer Bruxelles. De temps en temps, j'entendais un mot de ce que disait Paris, et c'était toujours le même mot : « *heure* ». Mais tout à l'heure, Bruxelles a arrêté d'envoyer et j'ai reçu le message complet de la Tour Eiffel. Ils voulaient connaître notre heure d'arrivée à Greenwich. Je le leur ai donné . Puis Paris m'a dit de vous dire de prendre votre transit avec beaucoup de précautions et d'envoyer le résultat à eux immédiatement———"

Thornton, habituellement calme, suait beaucoup et son visage était livide. "Aeta vient de traverser, nous sommes à cinq minutes ! Evarts, je suis fou ? Est-ce que je parle franchement ?"

Evarts posa la main sur le bras de l'autre.

"Le tremblement de terre a détruit votre transit", suggéra-t-il.

"Et Paris, et Paris ?" » demanda Thornton. Il écrivit machinalement quelque chose sur une carte et se dirigea vers la porte. "Donnez-moi la Tour Eiffel!" il a ordonné à Williams.

Les trois hommes restèrent immobiles pendant que l'homme sans fil envoyait l'appel de la Tour Eiffel à travers l'Atlantique :

"ETA—ETA—ETA."

"Très bien", murmura Williams, "je les ai . "

"Dites à Paris que nos horloges sonnent toutes cinq minutes selon le méridien."

Williams a travaillé rapidement sur la touche, puis a écouté.

"La Tour Eiffel dit que leurs chronomètres semblent également être sortis à la même heure, et que Greenwich et Moscou rapportent tous deux la même chose. Attendez une minute ! Il dit que Moscou a télégraphié qu'à huit heures hier soir, une formidable aurore de une lumière jaune vif a été vue au nord-ouest, et que leurs spectroscopes ont montré uniquement la raie de l'hélium. Il veut savoir si nous avons une explication à offrir———"

"Explication !" haleta Evarts. "Dites à Paris que nous avons eu ici des secousses sismiques accompagnées de mouvements sismiques violents, d'une montée soudaine du baromètre, suivie d'une chute, d'une statique et d'une variation erratique de l'aiguille magnétique."

"Qu'est-ce que tout cela veut dire?" murmura Thornton en regardant fixement le jeune homme.

La clé claqua et l'étincelle rotative se transforma en un cri perçant. Puis silence.

"Paris affirme que les mêmes manifestations ont été observées en Russie, en Algérie, en Italie et à Londres", a dénoncé Williams. "Ah ! Qu'est-ce que c'est ? Nauen appelle." Il envoya de nouveau la flamme bleue crépiter entre les bobines. " Nauen signale une erreur de cinq minutes dans leurs observations des méridiens d'après les horloges officielles. Et bonjour ! Il dit que Berlin a capitulé et que les Russes ont commencé à marcher à l'aube, c'est-à-dire il y a environ deux heures. Il dit qu'il est sur le point de tourner. la station aux commissaires alliés, qui en prendront immédiatement la charge.

Evarts siffla.

"Et si ?" » a-t-il demandé à Thornton.

Ce dernier secoua gravement la tête.

"Cela peut être… explicable – ou," ajouta-t-il d'une voix rauque, "cela peut signifier la fin du monde."

Williams sauta de sa chaise et affronta Thornton.

"Que veux-tu dire?" il a presque crié.

"Peut-être que l'univers est en train de s'effondrer !" dit Evarts d'une voix apaisante. "En tout cas, garde ça pour toi, mon vieux. Si le truc est en place, ça ne sert à rien d'effrayer les gens à mort un mois ou deux trop tôt !"

Thornton saisit un bras de chacun.

"Pas un mot à personne !" » grogna-t-il à travers ses lèvres comprimées. "Silence absolu, sinon l'enfer pourrait se déchaîner sur terre !"

IV

Traduction gratuite du rapport officiel de la Commission impériale de l'Académie des sciences de Berlin aux commissaires impériaux des États fédérés allemands :

Les phénomènes cosmiques sans précédent survenus les 22 et 27 jours du mois de juillet, et qui ont été ressentis sur toute la surface du globe, ont laissé un effet permanent d'une telle ampleur sur la position de l'axe terrestre dans l'espace et sur la durée de la période de rotation, qu'il est impossible de prévoir à l'heure actuelle les changements ou modifications ultimes des conditions climatiques qui pourraient en résulter. Cette commission a examiné avec le plus grand soin les causes possibles qui auraient pu être responsables de cette catastrophe (*Weltunfall*) et, en éliminant toute hypothèse incapable d'expliquer toutes les diverses perturbations, elle est maintenant en mesure de présenter deux théories, l'une ou l'autre. ce qui semble être susceptible d'expliquer les perturbations récentes.

Les phénomènes en question peuvent être brièvement résumés comme suit :

1. L'AURORA JAUNE . En Europe du Nord, cela est apparu soudainement dans la nuit du 22 juillet sous la forme d'une large et faible gerbe (*Lichtbündel*) de lumière jaune claire dans le ciel occidental. Des rapports d'Amérique montrent qu'à Washington, il apparaissait au nord comme un étroit trait de lumière, incliné d'un angle d'environ trente degrés avec l'horizon, et s'éloignant vers l'est. Près de l'horizon, elle était extrêmement brillante et le spectroscope montra que la lumière était due à l'hélium gazeux.

L'Observatoire de Potsdam a rapporté que la présence de sodium a été détectée dans les aurores boréales ; mais cela semble avoir été une erreur en raison de la faible luminosité de la lumière et du fait qu'aucun spectre de comparaison n'a été imprimé sur la plaque. Sur la photographie prise à l'Observatoire de Washington, la raie de l'hélium est certaine, puisqu'une seconde exposition a été faite avec une flamme de sodium ; et les deux lignes sont représentées distinctement séparées.

2. L'ACCÉLÉRATION NÉGATIVE . Ce phénomène a été observé plus ou moins partout dans le monde. Elle était particulièrement marquée près de l'équateur ; mais en Europe du Nord, cela n'a été remarqué que par quelques observateurs, bien que de nombreuses horloges aient été arrêtées et d'autres instruments dérangés. Il ne semble y avoir aucun doute qu'une force d'une ampleur terrible a été appliquée dans une direction tangentielle à la surface de la terre, dans une direction telle qu'elle s'opposait à sa rotation axiale, avec pour effet que la vitesse de surface a été diminuée d'environ une partie en

trois cents, ce qui entraîne un allongement du jour de cinq minutes treize secondes et demie.

L'application de ce frein — (*Bremsekraft*), comme on peut l'appeler — provoquait des phénomènes d'accélération qui se manifestaient exactement comme sur un train ferroviaire lors de son arrêt. La variation de la vitesse à la surface de la Terre à l'équateur s'élève à environ 6,4 kilomètres par heure ; et diverses observations montrent que ce changement de vitesse a été provoqué par l'action de la force inconnue pendant une période de temps inférieure à trois minutes. L'accélération négative ainsi représentée serait certainement trop faible pour produire des sensations physiologiques marquées, et pourtant les rapports de divers endroits indiquent qu'elles ont certainement été observées. Les sensations ressenties sont généralement décrites comme similaires à celles ressenties dans une automobile en mouvement lorsque le frein est appliqué très doucement.

De plus, certaines actions destructrices sont signalées dans des localités proches de l'équateur : des cheminées sont tombées et des immeubles de grande hauteur ont basculé ; tandis que de New York arrive le bruit que l'obélisque de Central Park a été éjecté de son piédestal. Il semble que ces effets étaient dus au fait que la modification de la vitesse se propageait à travers la terre sous la forme d'une onde semblable à une onde sismique, et que les effets étaient cumulatifs en certains points - une théorie étayée par des rapports selon lesquels à certaines localités , même près de l'équateur, aucun effet n'a été constaté.

3. RAZ-DE-MARÉE . Celles-ci ont été observées partout et ont été très destructrices en de nombreux endroits. Dans le canal de Panama, qui est proche de l'équateur et qui s'étend presque d'est en ouest, le courant de l'eau était si grand qu'il a débordé sur l'écluse de Gatun. Sur les côtes orientales des différents continents, la mer se retirait, la marée descendant de trois à cinq mètres au-dessous de la laisse de basse mer. Sur les côtes occidentales, il y a eu une élévation correspondante, qui a parfois atteint un niveau supérieur à douze mètres .

Que les phénomènes de marée n'aient pas été plus marqués ni plus destructeurs est un sujet de grande surprise, et a été considéré comme une preuve que la force retardatrice n'était pas appliquée en un seul point de la surface de la terre, mais était une force distribuée, qui agissait sur la surface terrestre. l'eau ainsi que sur la terre, quoique dans une moindre mesure. Il est cependant difficile de concevoir une force capable d'agir de cette manière ; et la théorie de Björnson sur le vortex magnétique dans l'éther a été rejetée par cette commission.

4. PERTURBATIONS ATMOSPHÉRIQUES . Quelque temps après l'apparition de l'aurore jaune, une augmentation soudaine de la pression atmosphérique,

suivie d'une chute progressive considérablement au-dessous de la pression normale, a été enregistrée sur toute la surface du globe. Des calculs basés sur l'heure d'arrivée de cette perturbation en des points très éloignés montrent qu'elle s'est propagée à la vitesse du son à partir d'un point situé probablement dans le nord du Labrador. L'augmentation maximale de pression enregistrée a été enregistrée à Halifax, les barographes auto-enregistreurs montrant que la pression a augmenté de plus de six centimètres en moins de cinq minutes.

5. CHANGEMENT DE DIRECTION DE L'AXE DE LA TERRE . L'axe de la Terre a été déplacé dans l'espace par la perturbation et pointe désormais presque exactement vers l'étoile double Delta Ursæ. Minoris . Ce changement semble avoir résulté du fait que la force était appliquée à la surface du globe dans une direction pas tout à fait parallèle au sens de rotation, le résultat étant le développement d'un nouvel axe et un déplacement des positions des pôles. , qu'il faudra désormais redécouvrir.

Il semble que ces phénomènes cosmiques les plus remarquables puissent s'expliquer de deux manières : ils peuvent résulter d'une décharge explosive ou volcanique provenant de la surface de la Terre, ou de l'impact oblique d'un courant météorique se déplaçant à une vitesse très élevée. Il semble peu probable qu'une énergie volcanique de type ordinaire ait pu produire suffisamment d'énergie pour provoquer les changements observés ; mais si l'on laisse entrer en jeu les forces radioactives, la quantité d'énergie disponible est pratiquement illimitée.

Il est cependant difficile de concevoir comment une soudaine libération d'énergie atomique aurait pu être provoquée par une quelconque agence terrestre ; de sorte que la première théorie, bien que capable de rendre compte des faits, semble être la moins tenable des deux. La théorie météorique ne présente aucune difficulté particulière. L'énergie délivrée par une masse relativement petite de matière finement divisée, se déplaçant à une vitesse de plusieurs centaines de kilomètres par seconde – et une telle vitesse n'est en aucun cas inconnue – serait largement suffisante pour modifier la vitesse de rotation de la petite quantité observée.

De plus, l'impact d'un tel courant météorique aurait pu développer une température suffisamment élevée pour provoquer des changements radioactifs, dont l'effet serait d'expulser l'hélium et d'autres produits de désintégration à la vitesse du rayon cathodique—(*Kathoden-Strahlen-Fortpflanzung-Geschwindigkeit*) -de la surface de la terre ; et le recul exercé par cette expulsion s'ajouterait à la force de l'impact météorique.

La présence d'hélium rend cette dernière hypothèse non tout à fait improbable, tandis que l'onde de pression atmosphérique résulterait immédiatement de la perturbation de l'air par le passage du flux de météores à travers celui-ci. L'exploration de la région dans laquelle il semble probable que la perturbation a eu lieu fournira sans aucun doute les données nécessaires à la solution complète du problème. " [Pp. 17-19.]

V

Un soir à dix heures, peu après les événements décrits ci-dessus, une conférence extraordinaire eut lieu à la Maison Blanche, probablement la plus remarquable jamais tenue là-bas ou ailleurs. A la longue table où se déroulaient les réunions du cabinet étaient assis six messieurs en tenue de soirée, chacun essayant de paraître indifférent, voire amusé. En tête de table se trouvait le président des États-Unis ; à côté de lui, le comte von Koenitz , ambassadeur d'Allemagne, représentant les commissaires impériaux [1] allemands, qui avaient pris les rênes du gouvernement allemand après l'abdication du Kaiser ; et, de l'autre côté, M. Emil Liban , le prince Rostoloff et Sir John Smith, ambassadeurs respectifs de France, de Russie et de Grande-Bretagne. La sixième personne était Thornton, l'astronome.

Le président n'avait réussi à réaliser cette conférence qu'après les plus grands efforts et la diplomatie la plus habile , en raison de l'extrême importance qu'il attachait, il les assurait à tous, aux questions qu'il désirait leur soumettre. C'est seulement pour cette raison que les ambassadeurs des nations en guerre avaient consenti à se rencontrer, pour ainsi dire officieusement.

" Avec beaucoup de respect, Votre Excellence, " dit le comte von Koenitz , " l'affaire est absurde — autant qu'un conte de fées de Grimm ! Cet opérateur sans fil dont vous parlez ment au sujet de ces messages. S'il les a reçus du tout... un fait qui dépend uniquement de sa parole : il les a reçues *après* et non *avant* les phénomènes enregistrés.

Le président secoua la tête. « Cela pourrait être vrai du premier message, celui reçu le 19 juillet, dit-il, mais le deuxième message, prédisant l'allongement de la date du 27 juillet, *a été livré ce jour-là et était entre mes mains avant que les troubles n'arrivent* .

Von Koenitz toucha sa moustache et haussa les épaules. Il était clair qu'il considérait toute cette affaire comme absurde et indigne.

M. Liban se détourna de lui avec impatience.

"Votre Excellence", dit-il en s'adressant au président, "je ne peux pas partager les vues du comte von Koenitz . Je considère cette affaire comme de la plus grande importance. Messages ou pas de messages, des phénomènes naturels extraordinaires se produisent qui pourraient bientôt se terminer par la " L'extinction de la vie humaine sur la planète. Une puissance capable de contrôler la durée du jour peut anéantir le globe. "

« Vous ne pouvez pas changer les faits », fit remarquer sévèrement le prince Rostoloff à l'ambassadeur d'Allemagne. "La Terre a changé d'orbite. Le professeur Vaskofsky , du Collège Impérial, l'a déclaré. Il y a une cause. Que ce soit Dieu ou le diable, il y a une cause. Devons-nous rester assis et ne rien faire pendant que la croûte du globe gèle et nos armées se figent en cadavres ? » Il tremblait d'agitation.

"Calme-toi, *mon garçon cher Prince* ! dit Monsieur Liban . Jusqu'ici nous avons gagné quinze minutes et nous n'avons rien perdu ! Mais comme vous le dites, que l'expéditeur de ces messages soit responsable ou non, il y a une cause et nous devons la trouver. »

"Mais comment ? Telle est la question", s'est exclamé le président presque en s'excusant, car il sentait, comme le comte von Koenitz , que d'une manière ou d'une autre une explication serait bientôt disponible qui ferait paraître cette conférence au comble du ridicule. "J'ai déjà", ajouta-t-il précipitamment, "demandé à toute la force de l'Académie nationale des sciences de diriger ses énergies vers la solution de ces phénomènes. Sans aucun doute, la Grande-Bretagne, la Russie, l'Allemagne et la France font de même. Les scientifiques rapportent que les aurores jaunes observées au nord, les tremblements de terre, la variation de la boussole et les excentricités du baromètre sont probablement tous liés plus ou moins directement au changement de l'orbite terrestre. Mais ils n'offrent aucune explication. Ils ne suggèrent pas ce qu'est l'aurore ni pourquoi son apparition devrait avoir cet effet. Il me semble donc clairement de mon devoir de vous exposer tous les faits dans la mesure où ils me sont connus. Parmi ces faits se trouvent les mystérieux messages reçus par radio à l'Observatoire naval immédiatement avant ces événements.

" *Post hoc, ergo propter hoc !* " ricana à moitié Von Koenitz .

Le président sourit avec lassitude.

"Que veux-tu que je fasse ?" » demanda-t-il en jetant un coup d'œil autour de la table. "Devrions-nous rester inactifs ? Devons-nous attendre et voir ce qui peut arriver ?"

"Non non!" cria Rostoloff en se levant d'un bond. "Encore une semaine et nous pourrions tous être plongés dans l'éternité. Il est suicidaire de ne pas prendre cette affaire au sérieux. Nous sommes malades de la guerre. Et peut-être que le comte von Koenitz , compte tenu de la chute de Berlin, accueillerait favorablement quelque chose de ce genre comme un une manière honorable de sortir son pays des difficultés. »

"Monsieur!" s'écria le comte en se levant d'un bond. "Attention ! Il a coûté à la Russie quatre millions d'hommes pour atteindre Berlin. Lorsque nous aurons pris Paris , nous reprendrons Berlin et commencerons la marche de nos aigles victorieuses vers Moscou et le Palais d'Hiver."

"Messieurs ! Messieurs ! Asseyez-vous, je vous en supplie !" s'exclama le président.

Les ambassadeurs de Russie et d'Allemagne reprirent, sans aucune grâce, leurs anciennes places, se jetant des regards de mépris non dissimulé.

« À mon avis, » continua le président, « vous avez deux propositions distinctes : la première concerne la mesure dans laquelle les événements extraordinaires de la semaine dernière sont de nature à exiger une enquête et une action conjointes de la part des puissances. La seconde concerne la cause de ces événements et leur lien avec l'expéditeur des messages signés Pax. Je vous demanderai de donner votre opinion sur chacune de ces questions.

"Je crois que certaines mesures devraient être prises, basées sur l'hypothèse qu'il s'agit de manifestations d'un seul et même pouvoir ou d'une seule et même cause", a déclaré avec insistance M. Liban .

"Je suis d'accord avec l'ambassadeur de France", grogne Rostoloff .

"Je suis d'avis que les phénomènes devraient faire l'objet d'une enquête scientifique appropriée", remarqua plus calmement le comte von Koenitz . "Mais en ce qui concerne ces messages , il s'agit, si je puis me permettre de le dire, d'une plaisanterie stupide. Il est indigne d'en prendre connaissance."

" Qu'en pensez-vous, Sir John ? " demanda le président en se tournant vers l'ambassadeur d'Angleterre.

« Avant de me décider, répondit tranquillement celui-ci, je voudrais voir l'opératrice qui les a reçus.

"Par tous les moyens!" s'exclama von Koenitz .

Le président appuya sur un bouton et sa secrétaire entra.

« J'avais prévu un tel désir de la part de vous tous, annonça-t-il, et je me suis arrangé pour qu'il vienne ici. Il attend dehors. Dois-je le faire venir ?

"Oui oui!" répondit Rostoloff . Et les autres acquiescèrent.

La porte s'ouvrit et Bill Hood, vêtu de son plus beau nouveau costume bleu et tordant nerveusement une casquette de vélo décolorée entre ses doigts, entra maladroitement dans la pièce. Son visage était rouge vif d'embarras et l'une de ses joues présentait une protubérance marquée. Il cligna des yeux sous l'éclat de la lumière électrique.

"M. Hood," lui adressa courtoisement le président, "je vous ai fait venir pour expliquer à ces messieurs, qui sont les ambassadeurs des grandes puissances européennes, les circonstances dans lesquelles vous avez reçu les messages sans fil de l'inconnu se décrivant comme 'Pax.'"

Hood passa de son pied droit à son pied gauche et pressa ses lèvres l'une contre l'autre. Von Koenitz toucha les extrémités cirées de sa moustache et regarda l'opérateur d'un air fantaisiste.

« En premier lieu, poursuivit le président, nous désirons savoir si les messages que vous avez signalés ont été reçus dans des conditions ordinaires ou inhabituelles. En un mot, pourriez-vous vous faire une opinion sur le sort de l'expéditeur ? "

Hood se gratta le côté du nez d'une manière poliment douteuse.

"Bien sûr, Votre Honneur ," répondit-il enfin. " Bien sûr , les conditions étaient inhabituelles. Cet homme a du jus et ne s'y trompe pas. "

"Jus?" demanda von Koenitz .

"Yare... courant. Gémit comme une toupie en acier. Cinquante kilowatts bien sûr, et peut-être plus ! Et une vague de douze mille mètres ."

"Je ne comprends pas tout à fait", intervint Rostoloff . "Veuillez expliquer, monsieur."

" N'est-ce pas rien à expliquer, répondit Hood. Il a juste une sacrée longueur d'onde, c'est tout. Le plus grand sur terre. Nous ne sommes réglés que pour une vague de trois mille mètres . Au début , je pouvais à peine le prendre. J'ai dû installer nos nouvelles bobines de ballast Henderson avant de pouvoir entendre correctement. Je pense qu'aucune autre station dans la chrétienté ne peut l'attraper. »

"Ah", remarqua Von Koenitz . "Un de vos amateurs millionnaires, je suppose."

"Yare", approuva Hood. "Je pensais que c'était un cinglé."

"Un quoi?" interrompit sir John Smith.

"Un cinglé", répondit Hood. "Une manivelle, pour ainsi dire."

"Ah, ' krank '!" » acquiesça l'Allemand. " Exactement... un fou ! C'est précisément ce que je dis ! "

"Mais je ne pense pas que ce soit un cinglé maintenant", répliqua vaillamment Hood. "S'il est un insecte , c'est le plus gros insecte de toute la création, c'est tout ce que je peux dire. Il a ce qu'il faut, c'est ce qu'il a. Il fera des dégâts avant de s'en sortir."

« Ces messages s'adressent-ils à quelqu'un en particulier ? » demanda Sir John, qui étudiait Hood attentivement.

"Eh bien, ils le sont et ils ne le sont pas . Pax - c'est comme ça qu'il s'appelle - signale NAA, notre numéro, vous comprenez, puis dit ce qu'il a à dire au monde entier, soucieux des États-Unis. Le premier message J'ai pensé que c'était une blague et je l'ai mise dans un livre que je lisais, ' *Silas Snooks* '———
"

"Quoi?" s'écria impatiemment Von Koenitz .

"Snooks – le nom de l'homme – l'homme dans le livre – n'a rien à voir avec cette affaire", a expliqué l'opérateur. "J'ai tout oublié. Mais après le tremblement de terre et tout le reste, je l'ai déterré et je l'ai donné à M. Thornton. Puis, le 27, le suivant est arrivé, disant que Pax en avait assez de nous attendre et allait commencer quelque chose. C'est arrivé à une heure de l'après-midi, et la fête a commencé à trois heures précises. Tout l'observatoire a cligné des yeux. Dis, il n'y a aucun doute dans ton esprit que c'est *lui* , n'est-ce pas ?"

Von Koenitz jeta un regard cynique autour de la pièce.

"Il n'y a pas!" s'écrièrent Rostoloff et Liban dans le même souffle.

L'Allemand rit.

"Parlez pour vous-mêmes, Excellences", ricana-t-il. Son ton a agacé le représentant sans fil du peuple américain souverain.

"Pensez-vous que je suis un menteur ?" » demanda-t-il en serrant la mâchoire et en regardant Von Koenitz .

L'ambassadeur d'Allemagne haussa de nouveau les épaules. De telles choses étaient impossibles dans un pays civilisé – à Potsdam – mais à quoi pouvait-on s'attendre…

« Détends-toi, Hood ! » murmura Thornton.

"N'oubliez pas, M. Hood, que vous êtes ici pour répondre à nos questions", a déclaré sévèrement le président. "Vous ne devez pas vous adresser à Son Excellence, le baron von Koenitz , de cette façon."

"Mais cet homme faisait de moi un singe !" marmonna Hood. "Tout ce que je dis, c'est, faites attention. Ce Pax est au travail et il est sérieux. Je viens de recevoir un autre appel avant de venir ici – à neuf heures."

"Quel était son but ?" demanda le président.

"Eh bien, il disait que Pax en avait assez que rien ne soit fait et qu'il voulait une action quelconque. Il disait que les hommes mouraient comme des mouches, et il proposait d'y mettre un terme à tout prix. Et... et..."

"Oui oui!" s'écria Liban à bout de souffle.

"Et il donnerait ce soir une preuve supplémentaire de son contrôle sur les forces de la nature."

"Ha ! Ha !" Von Koenitz se pencha en arrière, amusé. "Mon ami," rit-il, "tu-es-le 'cinglé'!"

La forme que le ressentiment de Hood aurait pu prendre est problématique ; mais alors que les mots de l'Allemand quittaient sa bouche, les lumières électriques s'éteignirent soudainement et les fenêtres claquèrent de façon inquiétante. Au même instant, chaque occupant de la pièce se sentit légèrement osciller vers le mur est, sur lequel apparaissait une vive lueur jaune. Instinctivement, ils se tournèrent tous vers la fenêtre qui faisait face au nord. Le ciel tout entier était inondé d'une aurore jaune orangé qui rivalisait en intensité avec celle du soleil.

"Qu'est-ce que je t'ai dit ?" marmonna Hood.

Le manoir exécutif frémit, et même dans cette lumière jaune, les visages des ambassadeurs semblaient pâles de peur. Et puis, alors que la lueur s'estompait lentement au nord, quelque chose de doux et de duveteux comme des plumes flotta à travers l'ouverture de la fenêtre. De plus en plus épais et plus rapide , il arriva jusqu'à ce que la pelouse de la Maison Blanche en soit recouverte. L'air de la pièce devint froid. Par la fenêtre, un gros flocon tournait et s'allumait à l'arrière de la tête de Rostoloff .

"Neige!" il pleure. "Une tempête de neige... en août !"

Le président se leva et ferma la fenêtre. Presque immédiatement, les lumières électriques se sont rallumées.

"Maintenant, es-tu satisfait ?" cria Liban à l'Allemand.

"Satisfait?" grogna Von Koenitz . " J'ai vu beaucoup de tempêtes de neige en août. Il y en a quotidiennement dans les Alpes. Vous me demandez si je suis satisfait. De quoi ? Que les tremblements de terre, les aurores boréales, les perturbations électriques, les tempêtes de neige existent, oui. Qu'un mystérieux bugaboo en est responsable. pour ces choses-là, non ! »

« De quoi avez-vous alors besoin ? » haleta Liban .

"Plus qu'une tempête de neige !" rétorqua l'Allemand. "Quand j'étais petit, au gymnase , nous avons eu un orage avec des poissons. Il y en avait partout où l'on marchait, partout sur le sol. Mais nous n'avons pas conclu que Jonas nous faisait une démonstration de son pouvoir sur la baleine."

Il fit face aux autres avec défi ; dans sa voix il y avait de la moquerie.

"Vous pouvez prendre votre retraite, M. Hood", a déclaré le président. "Mais vous aurez la gentillesse d'attendre dehors."

"C'est un honnête homme si jamais j'en ai vu un, Monsieur le Président", annonça Sir John après le départ de l'opérateur. "Je suis convaincu que nous sommes en communication avec un être humain doté de pouvoirs pratiquement surnaturels."

« Que faut-il donc faire ? » demanda Rostoloff avec inquiétude. "Le monde sera anéanti !"

"Vos Excellences" (Von Koenitz se leva et prit gracieusement position au bout de la table) "Je dois protester contre ce qui me semble être une crédulité extraordinaire de la part de vous tous. Je vous parle en tant qu'homme rationnel." être humain, pas en tant qu'ambassadeur. Quelque chose s'est produit qui affecte l'orbite de la Terre. Cela peut entraîner une calamité. Personne ne peut le prédire. Cette planète peut être entraînée dans l'espace par l'attraction d'un monde errant qui n'a pas encore été observé. Mais une chose que nous savons : aucune puissance sur ou depuis la Terre ne peut perturber ses relations avec les autres corps célestes. Cela reviendrait, comme vous le dites ici, à « se soulever par ses propres sangles ». Je ne doute pas de l'exactitude de vos horloges et de vos instruments scientifiques. Ceux de mon propre pays sont en harmonie avec les vôtres. Mais dire que la cause de tout cela est un *homme* est absurde. Si la mystérieuse Pax fait tomber les cieux, ils le feront. culbute sur sa propre tête. Va-t-il s'envoyer dans l'éternité avec nous tous ? A peine ! Ce Hood est un menteur monstrueux ou un fou dangereux. Même s'il a reçu ces messages, ce sont les émanations d'un excentrique, comme, dit-il, il l'a lui-même soupçonné le premier. Maîtrisons cette hystérie née du stress d'une guerre constante. En un mot, allons nous coucher.

" Comte von Koenitz , " répondit Sir John après une pause, " vous parlez avec force, voire de manière convaincante. Mais votre argument est basé sur une proposition qui est scientifiquement fallacieuse. Un atome de poudre à canon peut se désintégrer, se soulever par son propre souffle. les bretelles!' Pourquoi pas la Terre ? Avons-nous déjà commencé à résoudre tous les mystères de la nature ? Est-il inconcevable qu'il existe un explosif non découvert capable de perturber le globe ? Nous avons des tremblements de terre. Est-il au-delà de l'imagination que les forces qui les produisent puissent être contrôlé ?"

"Mon cher Sir John", répondit courtoisement Von Koenitz , "ma réponse ultime est que nous n'avons aucune raison suffisante pour relier les phénomènes qui ont perturbé la rotation de la Terre à une quelconque action humaine."

"Cela", interrompit le président, "est un point sur lequel les individus peuvent très bien différer. Je suppose que dans d'autres conditions, vous seriez ouvert à la conviction ?"

"Assurément", répondit Von Koenitz . "Si l'expéditeur de ces messages prophétise l'accomplissement d'un miracle qui ne pourrait être expliqué par des causes naturelles, je serais obligé d'admettre mon erreur."

Monsieur Liban s'était levé également et se promenait nerveusement dans la pièce. Soudain, il se tourna vers Von Koenitz et, d'une voix tremblante d'émotion, s'écria : « Invitons donc Pax à nous faire un signe qui vous satisfera.

"Monsieur Liban ", répondit avec raideur Von Koenitz , "je refuse de me mettre en position de communiquer avec un fou."

« Très bien, cria le Français, je prendrai la responsabilité de me ridiculiser. Je demanderai au président des États-Unis d'agir comme agent de la France à cet effet.

Il sortit de sa poche un cahier et un stylo-plume et rédigea soigneusement un message qu'il remit au Président. Ce dernier le lut à haute voix :

" *Pax* : L'Ambassadeur de la République Française me prie de vous communiquer le fait qu'il désire quelques preuves supplémentaires de votre pouvoir de contrôler les mouvements de la terre et les destinées de l'humanité, ces phénomènes devant être de préférence inoffensifs, mais inexplicable par aucune théorie de causalité naturelle. J'attends votre réponse.

" Le président des États-Unis .

« Envoyez chercher Hood », ordonna le président au secrétaire qui répondit à la sonnette. "Messieurs, je suggère que nous allions nous-mêmes à Georgetown et supervisions l'envoi de ce message."

Une demi-heure plus tard, Bill Hood était assis dans son fauteuil habituel dans la salle d'opération sans fil, entouré du président des États-Unis, des ambassadeurs de France, d'Allemagne, de Grande-Bretagne et de Russie, ainsi que du professeur Thornton. Tous les visages arboraient des expressions très sérieuses, à l'exception de celui de Von Koenitz , qui avait l'air de participer à un canular élaboré. Plusieurs de ces distingués messieurs n'avaient jamais vu d'appareil sans fil auparavant et montrèrent une certaine excitation alors que Hood se préparait à envoyer le message le plus célèbre jamais transmis par l'éther. Finalement, il jeta son rhéostat et le bourdonnement de l'étincelle rotative se transforma en son chant saccadé. Hood envoya quelques V puis commença à appeler :

"PAX—PAX—PAX."

À bout de souffle, le groupe attendait pendant qu'il écoutait une réponse. Il appela de nouveau :

"PAX—PAX—PAX."

Il avait déjà jeté ses bobines de ballast Henderson et était prêt pour la vague désormais familière. Il ferma les yeux, attendant ce cri métallique aigu qui venait on ne savait d'où. Les autres membres du groupe écoutaient également attentivement, comme si, ce faisant, ils pourraient eux aussi entendre la réponse, le cas échéant. Soudain, Hood se raidit.

"Le voilà!" Il murmura. Le président lui remit le message, et les doigts de Hood jouèrent sur la touche tandis que l'étincelle envoyait sa note chantante à travers l'éther.

"De tels phénomènes doivent être de préférence inoffensifs, mais inexplicables par toute théorie de causalité naturelle", a-t-il conclu.

Une peur étrange s'empara de Thornton, qui s'était retiré dans l'arrière-plan. Quelle était cette étrange communion ? Qui était cette mystérieuse Pax ? Étaient-ce des hommes réels ou des créatures d'un rêve grotesque ? Ne somnolait-il pas devant son oculaire dans la salle du cercle méridien ? Puis un mouvement simultané de ceux rassemblés autour de l'opérateur le convainquit de la réalité de ce qui se passait. Hood écrivait laborieusement sur une feuille de papier jaune, et les ambassadeurs se pressaient sans ménagement dans leur impatience de lire.

« Au président des États-Unis », écrivit Hood : « En réponse à votre message demandant des preuves supplémentaires de mon pouvoir d'imposer la cessation des hostilités dans les vingt-quatre heures, je » — il y eut une pause de près d'une minute, pendant lequel le tic-tac de la grande horloge sonna à Thornton comme des coups de revolver : « Je vais creuser un canal à travers les montagnes de l'Atlas et détourner la Méditerranée vers le désert du Sahara. PAX .

Un silence suivit la transcription finale du message de l'inconnu – un silence interrompu seulement par le tremblant et à demi chuchoté de Bill Hood : « Il s'en sortira bien !

Puis l'ambassadeur allemand a ri.

"Et épargnez ainsi à votre ingénieuse nation bien des ennuis, monsieur Liban ", dit-il.

VI

Un pêcheur tripolitain, Mohammed Ben Ali el Bad, un saint homme âgé de près de soixante-dix ans, qui avait fait deux fois le voyage de La Mecque et qui, dans ses années de déclin, s'occupait de lire le Coran et d'enseigner à ses petits-fils le métier de pêcheur. mulet le long des récifs du golfe de Cabès , avait jeté l'ancre pour la nuit au large des côtes tunisiennes, à peu près à mi-chemin entre Sfax et la Petite Syrte. Le mulet était abondant et il était très satisfait, car le lendemain soir, il aurait sûrement terminé son chargement et pourrait rentrer chez lui, chez sa fille, Fatima, l'épouse d'Abbas, le pâtissier. Son plus jeune fils, Abdullah, un garçon agile de dix-sept ans, était à ce moment-là en train de plier leurs tapis de prière, qui avaient été étendus à l'avant de la falukah afin qu'ils puissent avoir une vue plus claire lorsqu'ils s'agenouillaient vers la Ville Sainte. Chud , leur esclave, nettoyait le mulet à la taille et chantait une chanson étrange de son pays natal.

Mohammed Ben Ali el Bad était assis les jambes croisées à l'arrière, fumant un narguilé et regardant la pleine lune monter lentement au-dessus de la chaîne de l'Atlas, au sud-ouest. Le vent s'était calmé et la mer était calme, se soulevant lentement de grandes houles violet-orange ressemblant à de la soie mouillée. À l'ouest persistait encore la lueur qui s'estompait rapidement, au-dessus de laquelle les étoiles brillaient faiblement. Le long de la côte, les lumières scintillaient dans les criques éparses. À un demi-mille derrière le croiseur italien *Fiala* se balançait lentement à l'ancre. Du gaillard d'avant sortait une odeur de rouget frit. Mohammed Ben Ali était en paix avec lui-même et avec le monde, y compris avec l'irritant Chud . L'ouest s'assombrit et les étoiles brillèrent plus brillamment. Le narguilé gargouillant doucement à ses pieds, Mohammed pencha la tête en arrière et contempla avec appréciation silencieuse les merveilles du ciel. Il y avait Turka Kabar , le crocodile ; et Menish el Tabir , la belle endormie ; et Rook Hamana , le léopard, et là-haut, tout au nord, il y avait une étoile filante. Avec quelle grâce il traversait le ciel, laissant derrière lui son sillage de lumière jaune ! C'était la saison des étoiles filantes, se souvient-il. En un instant, elle disparaîtrait – comme la vie d'un homme ! Attristé, il baissa les yeux sur son narguilé. S'il relevait la tête – ne serait-ce que dans un instant – l'étoile aurait disparu. Bientôt, il releva la tête. Mais la star était toujours là, à sa rencontre !

Il frotta ses vieux yeux, vifs comme ils l'étaient à cause de l'habitude de la lumière aveuglante du désert. Oui, l'étoile arrivait, elle arrivait vite.

"Abdallah!" » appela-t-il de sa voix aiguë. " Chud ! Viens voir l'étoile ! "

Ensemble, ils le regardèrent avancer.

"Par Allah ! Ce n'est pas une étoile !" s'écria soudain Abdallah. "C'est un char de pompiers volant dans les airs ! Je peux le voir avec mes yeux : noirs et jaillissant des flammes par derrière."

"Noir", répéta Chud gutturalement. "Noir et rond ! Oh, Allah !" Il tomba à genoux et se cogna la tête contre le pont.

L'étoile, ou quoi que ce soit, tournait en un large cercle vers la côte, et Mohammed et Abdullah virent maintenant que ce qu'ils avaient pris pour une traînée de feu derrière était en fait un large faisceau de lumière jaune pointé en diagonale vers la terre. Il se rapprochait de plus en plus, illuminant tout le ciel et projetant un reflet chatoyant sur les vagues.

Un sifflet strident résonnait sur l'eau, accompagné du bruit de pas courant sur les ponts du croiseur. Les lumières ont clignoté. Des ordres étouffés furent criés.

"Par la barbe du Prophète !" s'écria Mohammed Ali. "Il va se passer quelque chose !"

Le petit objet noir d'où descendait le faisceau incandescent passa à ce moment à travers la face de la lune, et Abdullah vit qu'il était rond et plat comme un anneau. Le rayon de lumière provenait d'un point directement au-dessus de lui, passant par son ouverture vers la mer.

"Boom!" Le bateau de pêche trembla sous le tonnerre du canon de huit pouces *du Fiala , et un jet de flammes aveuglantes jaillit de la proue du croiseur.* Avec un cri gémissant, un obus s'éleva vers la lune. Il y eut un éclair rapide suivi d'une commotion sourde. L'obus n'avait pas atteint un dixième de la distance jusqu'à l'engin volant.

Et puis tout s'est passé d'un coup. Mohammed a décrit ensuite à une multitude béante de sales villageois, alors qu'il trônait sur le seuil de sa fille, comment le vaisseau spatial avait traversé la face de la lune et s'était arrêté au-dessus des montagnes, avec son faisceau de lumière jaune pointant directement vers la lune. vers le bas pour que la côte soit visible comme le jour, de Sfax à Cabès . Il a vu, dit-il, des génies monter et descendre sur la poutre. Quoi qu'il en soit, il jure sur la barbe du Prophète qu'un deuxième rayon de lumière, de couleur lavande , comme l'œil d'un mulet mort depuis longtemps, est tombé à côté du rayon jaune. Instantanément, la terre explosa comme un canon, dans les airs, à des milliers de kilomètres d'altitude. Il faisait aussi clair que midi. Assourdi par des commotions cérébrales titanesques, il tomba à moitié mort. La mer bouillonnait et dégageait d'épais nuages de vapeur à travers lesquels jaillissaient des éclairs éblouissants accompagnés d'un bruit de tonnerre et de grincement semblable à celui d'un million de moulins. L'océan se soulevait spasmodiquement et l'air tremblait avec un bruit déchirant, comme si la nature était déterminée à détruire son propre ouvrage. L'éclat était si éblouissant que la vue était impossible. La falukah était lancée d'une manière ou d'une autre, comme si elle était prise dans un simoon, et elle était roulée ici et là en compagnie de Chud , d'Abdullah et du mulet sans tête.

Ce vacarme à couper le souffle s'est poursuivi, dit-il, sans interruption pendant deux jours. Abdullah dit que cela a duré plusieurs heures ; le rapport officiel de la *Fiala* donne six minutes. Et puis il s'est mis à pleuvoir à torrents jusqu'à ce qu'il soit presque noyé. Un grand vent s'est levé et a fouetté l'océan, et un tourbillon s'est emparé de la falukah et l'a fait tourbillonner en rond. L'obscurité descendit sur la terre et, dans le désordre général, Mohammed se cogna la tête d'un terrible coup contre le mât. Il était sûr que ce n'était qu'une question de secondes avant qu'ils ne soient brisés par les vagues. La falukah tournait comme une toupie marine avec un mouvement latéral rapide. Quelque chose les entraînait, les aspirait. Le *Fiala* filait à toute allure, ses mâts de combat pendant en lambeaux. L'air était plein de chutes de pierres, d'arbres, d'éclats et d'épais nuages de poussière qui faisaient jaunir l'eau sous les éclairs. Le mât s'est brisé et un citronnier est descendu pour prendre sa place. De grands courants de lave jaillissaient de l'air et des masses de matière opaque plongeaient dans la mer tout autour de la falukah . De la boue bouillante, des cailloux, de la grêle tombaient sur le pont.

Et pourtant le bateau de pêche, tournoyant comme une feuille, restait à flot avec son équipage d'Arabes à moitié fous. Étouffés, assommés, échaudés, pétrifiés de peur, ils gisaient parmi les mulets tandis que la falukah courait dans sa danse sauvage avec la mort. Mohammed se souvient avoir vu ce qu'il pensait être une grande falaise se précipiter à côté d'eux. La falukah plongea au-dessus d'une cascade et fut presque submergée, fut de nouveau prise dans un maelström et continua à tournoyer dans l'obscurité. Ils étaient tous gravement malades, mais trop terrifiés pour bouger.

Et puis le rugissement plus proche cessa. L'air était moins encombré. Ils étaient encore arrosés de sable, de mottes de terre, de brindilles et de cailloux, il est vrai, mais les génies avaient cessé de se lancer des montagnes. L'obscurité devint moins opaque, l'eau plus douce. Bientôt, ils purent voir la lune à travers les nuages de poussière déposée, et peu à peu ils purent discerner les étoiles. La falukah se balançait doucement sur une large étendue d'océan boueux, entourée d'une écume jaune brisée çà et là par un arbre flottant. La *Fiala* avait disparu. Aucune lumière ne brillait à la surface des eaux. Mais la mort ne les avait pas rattrapés. Accablé par l'épuisement et la terreur, Mohammed gisait parmi les mulets, les jambes emmêlées dans le citronnier. L'a-t-il rêvé ? Il ne peut pas le dire. Mais en perdant connaissance , il pense avoir vu une étoile filer vers le nord.

Quand il se réveilla, la falukah gisait immobile sur une mer ocre sans limites. Ils étaient hors de vue de la terre. Dans un ciel légèrement sombre, le soleil brûlait impitoyablement, envoyant de la chaleur dans leurs corps et du courage dans leurs cœurs. Tout autour d'eux flottaient sur l'eau les traces du cataclysme de la nuit précédente : des arbres, des arbustes, des oiseaux morts et le cadavre déformé d'un chameau. Agenouillés sans leurs tapis de prière parmi les mulets, ils élevèrent la voix pour louer Allah et son Prophète.

VII

Vingt-quatre heures après la destruction des montagnes de l'Atlas par l'Anneau volant et l'inondation du Sahara qui en a résulté, les journaux officiels et les journaux encore publiés annonçaient que les puissances étaient convenues d'un armistice et avaient accepté une proposition de médiation. de la part des États-Unis qui cherchent une paix permanente. La nouvelle de la dévastation et des inondations causées par cet étrange et terrible cuirassé aérien créa la plus profonde appréhension et provoqua les rumeurs les plus folles , car ce qui s'était passé à Tunis était supposé se produire à Londres, à Paris ou à New York. Des messages sans fil ont diffusé l'histoire d'Alger à Cartagena, et elle a ensuite été diffusée dans tout le monde civilisé par les stations sans fil de Paris, Nauen , Moscou et Georgetown.

Le fait que la rotation de la Terre ait été retardée était encore un secret, et l'apparition de l'Anneau n'avait encore été liée à aucun des phénomènes extraordinaires qui l'entouraient ; mais les éditoriaux des journaux s'accordaient universellement sur le fait que la nation qui possédait et contrôlait ce nouvel instrument de guerre pouvait dicter ses propres conditions. On pensait généralement que le dynamitage de la chaîne de montagnes d'Afrique du Nord avait été une expérience destinée à tester et démontrer les pouvoirs de cette nouvelle invention démoniaque, et au vu de son succès, il ne semblait pas surprenant que les nations se soient empressées de se mettre d'accord sur un accord. l'armistice, car la Puissance qui contrôlait une force capable de produire un cataclysme physique aussi extraordinaire pourrait anéantir chaque capitale, chaque armée, chaque peuple sur le globe ou même le globe lui-même.

Le vol de la machine Ring avait été observé en plusieurs points différents, à commencer par Cape Race, où vers quatre heures du matin, L' opérateur sans fil a signalé ce qu'il supposait être une grosse comète déchargeant vers la Terre un rayon diagonal de lumière jaune orangé et se déplaçant à une vitesse incroyable. vitesse vers le sud-est. Le lendemain, le guetteur du *Vira* , un croiseur de garde-pêche et de reconnaissance de la patrouille de l'Atlantique Nord, aperçut un point noir planant parmi les nuages, qu'il prit pour un monoplan perdu luttant pour regagner la côte irlandaise. Au coucher du soleil, un opérateur radio amateur de St. Michael's, aux Açores, a remarqué une petite comète balayant le ciel loin au nord. Cette comète, environ une heure plus tard, passa directement au-dessus des villes de Lisbonne, Linares, Lorca, Carthagène et Alger, et était clairement observable depuis Badajoz, Almadén , Séville, Cordoue, Grenade, Oran, Biskra et Tunis, et depuis cette dernière. à certains endroits, il était facilement possible aux observateurs télescopiques de déterminer sa taille, sa forme et sa construction générale.

Daniel W. Quinn, Jr., consul par intérim des États-Unis en poste à Biskra , qui dînait avec l'abbé du monastère franciscain de Linares, envoya le récit suivant de la fuite de l'Anneau au Département d'État à Washington, où il est maintenant au dossier. [Voir Vol. 27, pp. 491-498, avec note de bas de page, des Documents officiels de la correspondance consulaire pour 1915-1916.] Après avoir décrit les conditions générales en Algérie , il poursuit :

Nous étions montés sur le toit en début de soirée pour regarder le ciel à travers la grande lunette offerte aux franciscains par le comte Philippe d'Ormay , lorsque le Père Antoine attira mon attention sur une comète qui semblait venir droit vers nous. Cependant, au lieu de laisser une traînée de feu horizontale derrière elle, cette comète ou météorite semblait projeter un faisceau de lumière orange presque vertical vers la Terre. Cela a produit un effet très étrange sur nous tous, puisqu'une comète normale ou un autre corps céleste qui laisse derrière lui un sillage de lumière de ce genre serait naturellement censé se déplacer vers le haut vers le zénith, au lieu de suivre une direction parallèle au zénith. Terre. On aurait dit que la queue de la comète avait été courbée. Dès qu'il s'est approché suffisamment pour que nous puissions focaliser le télescope dessus, nous avons découvert qu'il s'agissait d'une nouvelle sorte de machine volante. Il passait au-dessus de nos têtes à une hauteur ne dépassant pas dix mille pieds, voire aussi grande, et nous pouvions voir que c'était un anneau cylindrique ressemblant à un beignet ou à un anneau d'ancre, construit, je crois, en métal hautement poli, le ouverture intérieure mesurant environ vingt-cinq mètres de diamètre. Le tube du cylindre semblait avoir environ vingt pieds d'épaisseur et avait des fenêtres ou des hublots circulaires brillamment éclairés.

Le plus étrange, c'est qu'il portait une superstructure constituée d'un certain nombre de bras se rejoignant en un point au-dessus du centre de l'ouverture et supportant une sorte d'appareil d'où émanait le faisceau de lumière. Cet appareil, que nous supposions être un gigantesque projecteur, était focalisé à travers le Ring et pouvait apparemment être déplacé à volonté sur un rayon limité d'une quinzaine de degrés. Nous ne pouvions pas comprendre cela, ni pourquoi la lumière était projetée de l'extérieur et du dessus au lieu de l'intérieur de la machine volante, mais l'explication peut être trouvée dans l'immense chaleur qui a dû être nécessaire pour générer la lumière, puisqu'elle illuminait tout le pays. une cinquantaine de milles, et nous pûmes lire sans peine les petits caractères de la rubrique de l'abbé. Cet anneau volant se déplaçait sur une quille régulière à la vitesse énorme d'environ deux cents milles à l'heure. Nous nous demandions ce qui se passerait s'il tournait en tortue, car dans ce cas le poids de la superstructure aurait rendu impossible le redressement de l'engin. En fait, aucun d'entre nous n'avait jamais imaginé un tel monstre aérien auparavant. A côté, un Zeppelin ressemblait à un jouet en bois.

L'Anneau traversa les montagnes en direction de Cabes et peu de temps après, une éruption volcanique se produisit et détruisit une partie de la chaîne de l'Atlas. [M. Quinn décrit ici avec beaucoup de détails la destruction des montagnes.] Le lendemain matin , je trouvai Biskra bondée d'Arabes, qui rapportèrent que l'océan s'était déversé par le passage créé par l'éruption et inondait tout le désert jusqu'au sud jusqu'à l'oasis de Wargla , et qu'il s'était approché à moins de douze milles des murs de notre propre ville. J'ai immédiatement loué un âne et fait une enquête personnelle, avec le résultat que je peux déclarer comme un fait que tout le désert à l'est et au sud de Biskra est inondé sur une profondeur de sept à dix pieds et que l'eau ne donne aucun signe de descente. Les pertes en vies humaines semblent avoir été négligeables, du fait que la hauteur de l'eau n'est pas grande et que de nombreuses îles inattendues ont assuré la sécurité des caravanes *en transit* . Ceux-ci sont désormais abandonnés et attendent des secours qui, m'a-t-on appris, seront envoyés depuis Cabes sous forme de bateaux à fond plat équipés d'auxiliaires moteurs.

Respectueusement soumis,

DW QUINN, JR. ,

Consul américain par intérim.

Le croiseur italien *Fiala* , qui avait parcouru cent quatre-vingts milles dans le désert la nuit de l'éruption, s'échoua sain et sauf sur le plateau de Tasili , mais le raz-de-marée volcanique sur lequel il avait été entraîné, ayant fait son œuvre, recula, laissant trop peu d'eau pour le tirant d'eau de trente-sept pieds *du Fiala* . Quatre vedettes lancées dans des directions différentes vers le sud et l'est ne rapportèrent aucun signe de terre, mais d'immenses quantités de matières végétales flottantes, de poussière jaune et des cadavres de chacals, de chameaux, de zèbres et de lions. La cinquième vedette, après de grandes difficultés, atteint la côte par le nouveau canal et arrive à Sfax au bout de huit jours.

Le niveau moyen de la marée de la Méditerranée a baissé de quinze pouces et l'eau a montré une décoloration marquée pendant plusieurs mois, tandis qu'une brume volcanique planait sur l'Afrique du Nord, la Sicile, Malte et la Sardaigne pendant une période encore plus longue.

Bien que de nombreuses personnes aient dû perdre la vie, les archives sont incomplètes à cet égard ; mais il y a un curieux document dans la mosquée de Sfax touchant l'effet du Rayon Lavande. Il semblerait qu'un ramasseur de moules arabe se trouvait dans un petit bateau avec ses deux frères au moment où l'Anneau est apparu au-dessus des montagnes. Alors qu'ils regardaient vers le ciel, le Rayon apparut et illumina leurs visages. Ils n'y pensèrent pas du tout à ce moment-là, car presque immédiatement les montagnes furent déchirées et dans le bouleversement titanesque qui suivit, ils furent tous jetés sur le rivage, comme ils le pensaient, des hommes morts. Arrivés à Sfax, ils racontèrent leurs aventures et offrirent des prières en remerciement pour leur extraordinaire évasion ; mais cinq jours plus tard, tous trois commencèrent à souffrir d'atroces tourments dus à des brûlures internes, la peau de leur tête et de leur corps commença à se décoller et ils moururent dans d'atroces souffrances au cours de la semaine.

VIII

Ce n'est que quelques jours plus tard que le président des États-Unis reçut la note officielle du comte von Koenitz , au nom des commissaires impériaux allemands, selon laquelle l'Allemagne se joindrait aux autres puissances dans un armistice en vue de la paix et, finalement, de la paix. un désarmement universel. Des notes similaires avaient déjà été reçues par le président de la France, de la Grande-Bretagne, de la Russie, de l'Italie, de l'Autriche, de l'Espagne et de la Slavie, ainsi que d'une multitude d'autres puissances plus petites engagées dans la guerre, et il n'y avait plus aucune raison de retarder l'exécution de la guerre. la convocation d'un conseil ou d'une diète internationale dans le but de réaliser ce que Pax exigeait comme rançon pour la sécurité du globe.

Dans les archives du Département d'État à Washington se trouve le seul enregistrement de la correspondance diplomatique relative à ces événements importants, ainsi qu'une transcription des messages échangés entre le président des États-Unis et l'arbitre du destin humain. Ils sont relativement peu nombreux, car Pax semblait se contenter de laisser tous les détails aux puissances elles-mêmes. Cependant, pour gagner du temps, il fit la simple suggestion que les ambassadeurs actuels devraient recevoir les pleins pouvoirs pour déterminer les termes et conditions dans lesquels la paix universelle devrait être déclarée. Toutes ces démarches et leurs raisons furent gardées profondément secrètes. Il semblait que l'affaire allait être résolue avec la rapidité typique des Yankees. La suggestion de Pax fut acceptée, et les ambassadeurs et les ministres eurent une latitude illimitée pour rédiger le traité qui devrait abolir la guerre pour toujours.

Maintenant qu'il était conquis, personne n'était plus infatigable que Von Koenitz , personne n'était plus fertile en suggestions. C'est lui qui rédigea de sa propre main les quarante pages consacrées à la création de la commission chargée du devoir de détruire toutes armes, munitions et matériels de guerre ; et il a non seulement agi en tant que président du comité de rédaction préliminaire, mais a également été membre actif d'au moins une demi-douzaine d'autres sous-comités importants. Le président communiquait quotidiennement les progrès de cette conférence des puissances à Pax par l'intermédiaire de Bill Hood, et recevait quotidiennement en retour une approbation chaleureuse quoique laconique.

"Je suis satisfait de la sincérité des Puissances et des progrès réalisés. PAX ."

était le type ordinaire de message reçu. Entre-temps, la nouvelle avait été faite à tous les gouvernements qu'un armistice à durée indéterminée avait été déclaré, devant commencer au bout de dix jours, car il avait été jugé nécessaire de prévoir le temps nécessaire pour transmettre les ordres aux divers champs d'opérations militaires à travers tout le pays. L'Europe □. Entre-temps, la guerre continuait.

C'est à ce moment-là que le comte von Koenitz , qui était désormais considéré comme le personnage principal de la conférence, se leva et dit : « Vos Excellences, cette diète distinguée va, je n'en doute pas, bientôt terminer ses travaux et recevoir non seulement l'approbation des puissances représentées, mais la gratitude des nations du monde. J'exprime les sentiments des commissaires impériaux lorsque je dis qu'aucune puissance n'attend avec plus d'impatience que l'Allemagne la réalisation de notre objectif. Mais nous ne devons pas oublier qu'il y a Il existe une menace pour l'humanité plus grande que celle de la guerre, à savoir le danger caché que représente le pouvoir de ce détenteur inconnu d'une connaissance surhumaine des explosifs. Jusqu'à présent, son influence a été bénigne, mais qui peut dire quand elle deviendra maligne ? les travaux lui plaisent ? Peut-être pas. Devons-nous être d'accord ? Je l'espère, mais qui peut le dire ? Nos armées déposeront-elles les armes même après que nous nous soyons mis d'accord ? Je crois que tout ira bien ; mais est-il sage pour nous de nous abstenir de prendre des mesures pour déterminer l'identité de ce jongleur inconnu avec la nature et la source de son pouvoir ? C'est mon opinion, puisque nous ne pouvons exercer aucune influence ou contrôle sur cet individu, que nous devrions prendre toutes les mesures à notre portée pour nous protéger au cas où il refuserait de nous faire confiance. A cette fin, je suggère qu'une conférence internationale de scientifiques de toutes les nations se tienne ici à Washington, en même temps que nos propres réunions, en vue de déterminer ces questions. »

Ses remarques furent accueillies avec approbation par presque tous les représentants présents, à l'exception de Sir John Smith, qui laissa doucement entendre qu'une telle démarche pourrait être considérée comme savourant un peu de double jeu. Si Pax avait connaissance de la conférence suggérée, il pourrait remettre en question leur sincérité et considérer tous leurs actes avec suspicion. En un mot, Sir John croyait qu'il fallait suivre une ligne cohérente et traiter Pax comme un ami et un allié et non comme un ennemi possible.

Le discours de Sir John a cependant laissé les délégués peu convaincus et avec le sentiment que son argument était trop raffiné. Ils estimaient qu'il ne pouvait y avoir aucune objection à tenter de déterminer la source du pouvoir de Pax : la loi de l'auto-préservation semblait indiquer que cette démarche était nécessaire. Et cela avait en fait déjà été vaguement discuté par plusieurs délégués moins éminents. En conséquence, il a été voté, avec seulement deux voix dissidentes, [2] de convoquer ce qui était connu sous le nom de Conférence n° 2, qui se tiendrait le plus tôt possible, et dont les débats se dérouleraient en secret sous les auspices de l'Académie nationale des sciences.

le président de l'Académie agissant en tant que président permanent. À cette conférence, le président a nommé Thornton comme l'un des trois délégués des États-Unis.

Le conseil des Puissances ayant ainsi voté, le comte von Koenitz transmettra aussitôt, par la voie de Sayville, un message qui, en code, semblait être adressé à M. Karl Heinweg , notaire, à 12 heures BIS. Bunden Strasse, Strasbourg , et concernant une hypothèque sur le point d'arriver à échéance sur certaines propriétés de Von Koenitz en Thuringe. Une fois décodé, il disait :

« *Aux commissaires impériaux des États fédérés allemands :*

"J'ai l' honneur de vous informer qu'agissant conformément à vos instructions distinguées, j'ai proposé aujourd'hui une conférence internationale pour examiner les problèmes scientifiques posés par certains phénomènes récents et que ma proposition a été adoptée. Je crois que de cette manière les débats ici pourront être retardé indéfiniment et le temps ainsi assuré pour permettre d'organiser et d'envoyer une expédition dans le but de détruire cet inconnu ou de s'assurer du secret de son pouvoir, conformément à ma suggestion précédente. Il serait bon d'envoyer comme délégués à cette Conférence No .2 plusieurs professeurs de physique qui, grâce à des arguments plausibles et à des théories ingénieuses, peuvent tellement embrouiller les choses qu'aucune détermination ne peut être obtenue. Je suggère les professeurs Gasgabelaus , de Munich, et Leybach , de La Haye.

" VON KOENITZ ."

Et ayant ainsi rempli son devoir, le comte prit un fiacre jusqu'au Metropolitan Club et y joua discrètement une partie de billard avec Señor. Tomasso Varilla , l'ancien ministre argentin.

Von Koenitz avait dès le début joué son rôle avec une habileté qui, du point de vue diplomatique, ne laissait rien à désirer. Les phénomènes naturels extraordinaires qui s'étaient produits en même temps que le premier message de Pax au président des États-Unis et la chute de l'Aiguille de Cléopâtre avaient été immédiatement observés par les scientifiques attachés aux universités impériales et autres à travers les États fédérés allemands, et n'avaient aucun effet. plus tôt été observés que leur importance n'avait été comprise. Ces enquêteurs humains les plus industrieux et les plus minutieux avaient immédiatement rapporté les faits et leurs conclusions préliminaires aux commissaires impériaux, avec la recommandation de ne négliger aucun effort pour tenter de localiser et de déterminer les causes de cette perturbation des forces de la nature. Les commissaires exigeèrent immédiatement un rapport exhaustif de la faculté de l'Université impériale allemande et informèrent Von Koenitz par câble que, jusqu'à nouvel ordre, il devait chercher par tous les moyens à retarder l'enquête menée par d'autres nations et à minimiser l'importance de ce qui s'était passé, car ces savants allemands astucieux étaient immédiatement arrivés à la conclusion que l'accélération du mouvement de la Terre était due à une action humaine dotée d'une puissance jusqu'alors insoupçonnée.

C'est pour cette raison que lors de la première réunion à la Maison Blanche, l'ambassadeur avait fait caca sur toute cette affaire et parlé de tempêtes de neige dans les Alpes et d'averses de poissons à Heidelburg , mais avec la déchirure de la côte nord de l'Afrique et le puits - des apparitions attestées de "L'Anneau", il parvint bientôt à la conclusion que sa solution la plus sage était de provoquer un tel retard de la part des autres puissances que l'inévitable course au secret serait gagnée par la nation qu'il représentait si astucieusement. Il a estimé, avec une grande justesse, que les scientifiques d'Angleterre, de Russie et d'Amérique ne resteraient pas inactifs à tenter de déduire la cause et de situer l'origine des phénomènes et l'habitat du maître de l'Anneau, et que le seul moyen efficace de Permettre à l'Allemagne de s'emparer de ce plus grand de tous les prix de la guerre était de confondre les représentants des autres nations tout en laissant les siens libres dans leurs efforts pour accomplir ce qui ferait de ses compatriotes, presque sans effort supplémentaire, les maîtres du monde. . Or, le moyen le plus simple de confondre les scientifiques du monde entier était de les rassembler au même endroit et de les confondre tous ensemble, et c'est ce qu'il avait décidé de faire après avoir communiqué avec ses supérieurs. C'était un homme intelligent, formé aux voies détournées de la Wilhelmstrasse , et lorsqu'il entreprenait d'accomplir quelque chose, il réussissait presque inévitablement. Pourtant, malgré l'alliance supposée entre le Kaiser et la Divinité, l'homme propose et Dieu dispose, et parfois ce dernier utilise le plus humble des instruments humains dans cette disposition.

IX

Le commissaire impérial allemand à la guerre, le général Hans von Helmuth, était un homme d'une décision et d'une clairvoyance extraordinaires. Agé de soixante ans, il était membre de l'état-major depuis l'âge de quarante ans. Il s'était assis aux pieds de Bismarck et de Von Moltke, et au cours de sa participation active à la gestion des affaires militaires allemandes, il n'avait constaté que de légers changements dans leur politique : masse — masse écrasante ; un assaut soudain et capital et, surtout, une attaque si rapide que votre adversaire n'a pas pu se remettre sur pied. Cela fonctionnait neuf fois sur dix, et lorsque cela ne fonctionnait pas, c'était généralement mieux que d'adopter une attitude défensive. Le général von Helmuth, disposant d'un système approuvé, était dans cette mesure soulagé de son anxiété, car il ne lui restait plus qu'à régler les détails. En cela, son organisation très efficace était presque automatique. Lui-même était un recueil humain de connaissances, et il lui suffisait d'appuyer sur un bouton et d'émettre quelques gutturales pour que toutes les informations qu'il souhaitait soient écrites à la machine devant lui. Maintenant, il était assis dans son bureau, fumant un cigare de Brême et étudiant une immense projection Mercatoriale de l'Atlantique et des pays limitrophes, tandis qu'avec les doigts de sa main gauche, il peignait sa barbe épaisse.

De la fenêtre, il regardait les fortifications intérieures de Mayence, ville dans laquelle la capitale avait été transférée trois mois auparavant, et l'embarcadère des avions de reconnaissance qui arrivaient ou vrombissaient constamment vers la Hollande ou Strasbourg . De l'autre côté de la rivière, sous les canons dissimulés d'une batterie engloutie, se trouvaient les immenses hangars des dirigeables Z 51~57, désormais inutiles . L'embarcadère communiquait directement par téléphone avec le bureau de l'adjudant, une immense salle remplie de cartes, avec laquelle était reliée la chambre privée de Von Helmuth. L'adjudant lui-même, un homme à l'air inquiet avec une balle dans la tête et une moustache gris fer, se tenait à une table au centre de la salle, adressant des phrases rapides à diverses personnes qui apparaissaient dans l'embrasure de la porte, saluaient et repartaient précipitamment. . Plusieurs groupes étaient rassemblés autour de la table et l'adjudant entretenait une conversation interrompue avec tous, s'arrêtant pour lire les télégrammes et les messages qui sortaient des tubes pneumatiques sur la table depuis le bureau du télégraphe et du téléphone à l'étage inférieur.

Un homme âgé, vêtu de vêtements plutôt défraîchis, entra, regardant impuissant autour de lui à travers les verres épais de ses doubles lunettes, et l'adjudant se détourna aussitôt des officiers qui l'entouraient en disant : « Excusez-moi, messieurs ».

"Bonjour, professeur von Schwenitz ; le général vous attend", dit-il. "Par ici s'il-vous-plait."

Il se dirigea vers la porte du bureau intérieur.

"Le professeur von Schwenitz est là", annonça-t-il, et il revint aussitôt reprendre le fil de sa conversation au centre de la salle.

Le général se tourna d'un ton bourru pour saluer son visiteur. « Je vous ai fait appeler, professeur, » dit-il sans retirer son cigare, « afin que je puisse bien comprendre la méthode par laquelle vous dites avoir déterminé le lieu d'origine des messages sans fil et des perturbations électriques mentionnés dans notre communications de la semaine dernière. Cela peut être une affaire sérieuse. L'exactitude de vos informations est d'une importance vitale.

Le professeur hésita, embarrassé, et le général fronça les sourcils.

"Bien?" » demanda-t-il en mordant le bout mâché de son cigare. "Eh bien ? Ce n'est pas une salle de conférence. Le temps presse. Fini."

"Votre Excellence!" balbutia le pauvre professeur, "Je... je... Les observations sont tellement... inadéquates... on ne peut pas déterminer..."

"Quoi?" » rugit Von Helmuth. "Mais tu as dit que tu *l'avais fait* !"

"Seulement approximativement, Votre Excellence. On ne peut pas être positif, mais à une distance raisonnable..." Il fit une pause.

« Comment appelle-t-on une distance raisonnable ? Je suppose que votre physique était une science exacte ! rétorqua le général.

"Mais les données——"

"Comment appelle-t-on une distance raisonnable ?" beugla le commissaire impérial.

"Une centaine de kilomètres !" cria soudain le professeur surmené, perdant le contrôle de lui-même. " On ne me parlera pas de cette façon, entendez-vous ? Je ne le ferai pas ! Comment un homme peut-il penser ? Je suis membre du corps professoral de l'Université Impériale. J'ai été décoré deux fois, deux fois ! "

« Des bâtons de violon ! répondit le général amusé malgré lui. "Ne soyez pas absurde. Je souhaite simplement que vous vous dépêchiez. Vous avez un cigare ?"

"Oh, votre Excellence !" » protesta le professeur, à la fois honteux et effrayé. "Vous devez m'excuser. La guerre m'a brisé les nerfs. Puis-je fumer ? Merci."

"Asseyez-vous. Prenez votre temps", dit Von Helmuth, regardant un monoplan descendre vers l'atterrissage en spirales qui s'atténuaient lentement.

"Vous voyez, Votre Excellence", a expliqué Von Schwenitz , "les données sont fragmentaires, mais j'ai utilisé trois méthodes, chacune vérifiant les autres."

"La première?" répliqua le général. Le monoplan avait atterri en toute sécurité.

"J'ai comparé les enregistrements de tous les sismographes qui avaient enregistré l'onde sismique associée aux décharges électriques accompagnant les grandes aurores jaunes de juillet. Ces chocs avaient été ressentis partout dans le monde, et j'ai obtenu des rapports de Java, de Nouvelle-Guinée, de Lima, Tucson, Greenwich, l'Algérie et Moscou. Ceux-ci ont montré que la vague provenait de quelque part dans l'est du Labrador.

"Oui, oui. Continue!" ordonna le général.

"En deuxième lieu, les violents orages magnétiques produits par les aurores à l'hélium semblent avoir laissé leur marque à chaque fois sur la terre par une déviation permanente, quoique légère, de l'aiguille de la boussole. Le champ magnétique normal de la Terre semble s'être superposé à C'est un nouveau champ composé de lignes de force presque parallèles à l'équateur. Mes calculs montrent que ces grands cercles de magnétisme sont centrés approximativement au même point au Labrador que celui indiqué par les sismographes - environ cinquante-cinq degrés nord et soixante-quinze degrés. Ouest."

Le général en parut frappé.

"Déviation permanente, dites-vous !" il a éjaculé.

"Oui, apparemment permanent. Finalement , les enregistrements du baromètre racontaient la même histoire, bien que sous une forme moins précise. Une vague de compression d'air avait été déclenchée dans l'extrême nord et s'était propagée sur la terre avec la vitesse du son. Bien que les barographes eux-mêmes ne donnait aucune indication sur l'origine de cette vague, la variation de son intensité selon les différents observatoires météorologiques pouvait s'expliquer par la loi des carrés inverses, en supposant que l'explosion qui a déclenché la vague s'était produite à cinquante-cinq degrés nord, soixante-quinze degrés. degrés ouest. »

Le professeur fit une pause et essuya ses lunettes. Avec un rugissement, un Taube glissa hors de l'embarcadère, se précipita vers les hangars et s'envola vers le haut.

"Est-ce tout?" demanda le général en se tournant de nouveau vers la carte.

"C'est tout, Votre Excellence", répondit Von Schwenitz .

"Alors tu peux y aller!" murmura le commissaire impérial. "Si nous trouvons la source de ces perturbations là où vous prédisez, vous recevrez l'Aigle Noir."

"Oh, votre Excellence !" protesta le professeur, le visage brillant de satisfaction.

"Et si nous *ne le trouvons pas* , il y aura un poste vacant au sein de la faculté de l'Université Impériale !" ajouta-t-il sombrement. "Bon après-midi."

Il appuya sur un bouton et l'érudit qui partait fut accueilli par un infirmier et escorté du War Bureau, tandis que l'adjudant rejoignit Von Helmuth.

"Il l'a eu ! Je suis satisfait !" a fait remarquer le commissaire. "Maintenant, exposez votre plan."

L'homme à la tête d'une balle a saisi le pied à coulisse et a indiqué un endroit sur la côte du Labrador :

« Notre expédition atterrira, sous réserve de votre approbation, à Hamilton Inlet, en utilisant la ville de Rigolet comme base. En profitant de la rivière Nascopee et des lacs qu'elle traverse, nous pourrons facilement pénétrer dans les hautes terres où l'inventeur de " La machine Ring s'est localisée elle-même. Le brigantin auxiliaire *Sea Fox* repose maintenant sous couleurs américaines à Amsterdam, et comme il peut naviguer à quinze nœuds par heure, il devrait atteindre l'Inlet dans une dizaine de jours, en passant au nord des Orcades. "

« À quelle force pensez-vous ? » s'enquit Von Helmuth, ses yeux gris et froids se plissant.

"Trois compagnies complètes de sapeurs et de mineurs, dix obusiers de montagne, une batterie de campagne, cinquante fusils debout à tir rapide et un équipement complet pour lancer de la lyddite. Bien entendu , nous compterons principalement sur des explosifs puissants s'il devient nécessaire de recourir à la force, mais ce que nous voulons, c'est un otage qui pourrait devenir plus tard un allié. »

"Oui, bien sûr", dit le général en riant. "Il s'agit d'une expédition scientifique et non militaire."

"J'ai demandé au lieutenant Münster de faire rapport sur l'équipement nécessaire."

Von Helmuth hocha la tête, et l'adjudant se dirigea vers la porte et cria : « Lieutenant Münster !

Un jeune homme soigné en uniforme naval apparut sur le seuil et salua.

« Déclarez ce que vous considérez comme nécessaire comme équipement pour l'expédition projetée », dit le général.

"Vingt bateaux à moteur, chacun capable de remorquer plusieurs barges à fond plat ou canoës indigènes, quarante mules, un télégraphe de campagne, ainsi qu'un appareil sans fil de grande puissance, des haches, des pelles, des câbles métalliques et des tambours, des guindeaux, de la dynamite pour le dynamitage, et provisions pour soixante jours. Nous vivrons de la campagne et trouverons des artisans et des porteurs parmi les indigènes.

"Quand sera-t-il possible de commencer ?" demanda le général.

"Dans douze jours si vous donnez l'ordre maintenant", répondit le jeune homme.

"Très bien, vous pouvez y aller. Et bonne chance à vous !" il ajouta.

Le jeune lieutenant salua et tourna brusquement les talons.

Au-dessus du terrain de parade, un biplan planait, filant d'un côté à l'autre, montant et descendant avec une vitesse surprenante.

"Qui c'est?" » demanda le général avec approbation.

" Schöningen ", répondit l'adjudant.

Le commissaire impérial fouilla dans sa poche de poitrine à la recherche d'un autre cigare.

"Sais-tu, Ludwig," remarqua-t-il aimablement alors qu'il entamait une allumette méditative, "parfois, je crois à moitié que cette affaire de 'Flying Ring' est pourrie !"

L'adjudant avait l'air peiné.

"Et pourtant", continua Von Helmuth, "si Bismarck pouvait voir une de ces choses", il brandit son cigare en direction de l' avion en giration , "il ne le croirait pas."

X

Toute la journée, l'Assemblée internationale des scientifiques, officiellement connue sous le nom de Conférence n° 2, avait siégé, sans progresser, dans la grande salle de conférence de la Smithsonian Institution, qui n'avait probablement jamais vu un rassemblement aussi hétéroclite. Chaque nation avait envoyé trois représentants, deux scientifiques professionnels et un délégué laïc, ce dernier étant un écrivain ou un penseur réputé dans son propre pays pour ses vastes connaissances et son pouvoir de raisonnement. Ils s'étaient réunis au jour fixé, bien que les délégués des pays les plus éloignés ne soient pas encore arrivés et que la Commission de vérification des pouvoirs ait déjà fait son rapport. L'Allemagne avait envoyé Gasgabelaus , Leybach et Wilhelm Lamszus ; France – Sortell , Amand et Buona Varilla ; Grande-Bretagne—Sir William Crookes, Sir Francis Soddy et M. HG Wells, célèbres pour leur « Guerre des mondes » et « Le monde libéré », et sont donc censés être l'homme idéal pour élucider un mystère scientifique tel que celui qui confronté à cette galaxie d'immortels.

Le Comité des Données, dont Thornton était membre, après avoir travaillé activement pendant près de deux semaines grâce à la communication sans fil avec tous les observatoires – sismiques, météorologiques, astronomiques et autres – du monde entier, avait réduit ses conclusions à l'impression, et cette affaire, traduite en français, en allemand et en italien, avait déjà été distribuée parmi les personnes présentes. Dans ses pages se trouvait la lettre de Quinn au Département d'État.

L'appel ayant été fait, le président de l'Académie nationale des sciences prononça un bref discours dans lequel il exposa brièvement le but pour lequel le comité avait été convoqué et commenta dans une certaine mesure la nature des phénomènes qu'il était chargé d'analyser.

Commence alors une série interminable de discussions et d'explications en français, allemand, néerlandais, russe et italien, par des hommes aux yeux globuleux, aux moustaches broussailleuses et aux cheveux longs qui ressemblent à des anarchistes ou à des sociologues et qui n'avaient apparemment jamais eu auparavant une opportunité illimitée. pour exprimer leur point de vue sur quoi que ce soit.

Thornton, écoutant ce mélange de détails techniques, était consterné et méfiant. Ces hommes parlaient une langue qui leur était évidemment familière et que lui, bien qu'étant un scientifique professionnel, considérait comme un jargon dénué de sens. Tout cela semblait irréel, avait une qualité purement théorique ou littéraire qui le faisait remettre en question même leurs prémisses. Dans l'air vicié de la salle du conseil, en écoutant ces petits *professeurs* ventrus d'Amsterdam et de Munich , le doute l'assaillait, le doute même sur le fait que la Terre avait changé d'orbite, le doute même sur ses propres formules et tables établies. Ne parlaient-ils pas simplement à travers leur chapeau ? N'était-ce pas simplement un jeu dans lequel un système élaboré d'équivalents donnait un semblant de réalité à ce qui n'était en réalité qu'un jeu mental ? Même Wells, dont il admirait le style littéraire comme l'une des beautés autant que l'une des merveilles du monde, avait été une déception. Il avait semblé singulièrement hésitant et peu convaincant.

"J'aurais aimé connaître un homme pratique, j'aurais aimé que Bennie Hooker soit là !" murmura Thornton pour lui-même. Il n'avait pas vu son camarade de classe Hooker depuis vingt-six ans ; mais c'était une chose à propos de Hooker : vous saviez qu'il serait exactement le même – mais en plus – que la dernière fois que vous l'aviez vu. Au cours de ces années, Bennie était devenu professeur Lawson de physique appliquée à Harvard. Thornton avait lu ses articles sur les radiations induites et l'équilibre thermique, et possédait l'une des célèbres cuisinières Gem Home de Bennie dans sa propre petite garçonnière. Hooker le saurait. Et s'il ne le faisait pas, il vous le dirait, sans embrouiller l'atmosphère avec beaucoup de choses qu'il *savait*, mais cela ne vous aiderait pas du tout. Thornton s'accrochait à l'idée de lui comme un aéronaute tombant sur une corde qui pend. Il vaudrait mille de ces conférenciers rêveurs, de ces visionnaires buveurs de bière ! Mais où le trouver ? C'était le mois d'août, période de vacances. Pourtant, il pourrait être à Cambridge pour donner un cours d'été ou quelque chose du genre.

À ce moment-là, le professeur Gasgabelaus , président provisoire, un homme énorme dont la périphérie de l'abdomen rivalisait avec la circonférence du « globe terrestre en activité » à l'autre extrémité de la plate-forme, frappa en sueur avec son marteau et annonça que la conférence serait ajournée jusqu'à le lundi matin suivant. C'était vendredi après-midi, il disposait donc de soixante heures pour communiquer avec Bennie, si Bennie pouvait être découvert. Un télégramme d'enquête n'apporta aucune réponse et il prit le train de minuit pour Boston, arrivant à Cambridge vers deux heures de l'après-midi.

L'air tremblait de chaleur. Ce n'est qu'en esquivant l'ombre d'un gros orme à l'autre qu'il parvint à atteindre la Voie Appienne – la rue indiquée dans le catalogue universitaire comme l'habitat de Bennie – vivant. En ouvrant le petit portillon, il réalisa avec un étrange sentiment qu'il s'agissait de la même maison où Hooker avait vécu lorsqu'il était étudiant, vingt-cinq ans auparavant.

"Board" était imprimé sur un carton jaune soufflé à la mouche dans le coin de la fenêtre à côté de la porte.

Là-haut, au-dessus du porche, se trouvait la pièce que Bennie avait habitée de 1985 à 1989. Il se souvenait très bien de la nuit où lui, Thornton, avait passé son pied à travers la vitre inférieure. Ils avaient comblé le trou avec un vieux bas de golf. Ses yeux cherchaient curieusement la vitre. Il était là, toujours cassé et toujours bourré – ce n'était pas possible ! – d'une matière incolore ressemblant étrangement à de la laine peignée en désintégration. Le soleil le frappa à la nuque et le poussa à chercher le relief du porche. Avait-il déjà quitté Cambridge ? N'était-ce pas un rêve de devenir astronome et de travailler à l'Observatoire naval ? Et toutes ces histoires sur la Terre en liberté ? S'il ouvrait la porte, ne trouverait-il pas Bennie avec une serviette autour de la tête, en train de préparer les « examens » ? Pendant un instant, il s'imagina vraiment qu'il était étudiant. Puis, alors qu'il s'éventait avec son chapeau de paille, il aperçut sur la bande de soie à l'intérieur les mots : « Smith's Famous Headwear, Washington, DC ». Non, il était vraiment un astronome.

Il frémit malgré la chaleur en tirant sur le bouton de la sonnette. Quels fantômes son tintement invoquerait-il ? Cependant la cloche ne donnait aucun son ; en fait, le bouton s'est détaché dans sa main, suivi d'environ un pied de fil de cuivre. Il rit, le regardant d'un air vide. Personne n'avait jamais utilisé la cloche autrefois. Ils avaient simplement ouvert la porte d'un coup de pied et crié : "Ooh, Bennie Hooker !"

Thornton posa la poignée sur la place et inspecta la façade de la maison. Les fenêtres étaient couvertes de poussière, la « cour » délabrée de mauvaises herbes. Un morceau de ficelle maintenait le loquet du portail. Puis automatiquement, et sans aucune intention de le faire, Thornton tourna la poignée de la porte d'entrée, l'aidant par hasard d'un léger coup de pied de son orteil droit, et se retrouva dans l'étroit couloir parfumé au chou. Le vieux chapeau en noyer noir usé et familier de ses années d'étudiant était appuyé, ivre, contre le mur - Thornton savait qu'il manquait une de ses pattes arrière - et sur la dalle d'imitation de marbre se trouvait un télégramme adressé au « professeur Benjamin Hooker ». Et aussi, instinctivement, Thornton éleva sa voix d'adulte et cria :

"Ooh, ouais ! Bennie Hooker !"

Le volume de son propre son le surprit. Il comprit instantanément le ridicule de la situation : lui, l'astronome principal de l'Observatoire naval, criait comme ça...

"Ooh, ouais!" est venu d'en haut dans des tons étouffés.

Thornton monta les escaliers, deux ou trois marches à la fois, et frappa à la vieille porte du porche.

"S'en aller!" » répondit la voix de Bennie Hooker. "Je ne veux pas de déjeuner !"

Thornton continuait de frapper à la porte tandis que le professeur Hooker suppliait avec colère l'intrus de partir avant de prendre des mesures actives. Il y eut un craquement de verre.

"Oh putain!" est venu de l'intérieur.

Thornton actionna la poignée et donna un coup de pied. Quelqu'un traversa la pièce en hésitant, la clé tourna et le professeur Bennie Hooker ouvrit la porte.

"Bien?" » demanda-t-il, renfrogné par-dessus ses épaisses lunettes.

"Bonjour Bennie!" dit Thornton en lui tendant la main.

« Bonjour, Buck ! » » répondit Hooker. "Entrez. Je pensais que c'était ça, confondant Éthiopien."

D'après Thornton, c'était la même vieille pièce, seulement maintenant remplie de livres et de brochures et encombrée de tables d'instruments. Hooker, vêtu de baskets, de canards blancs et d'un maillot de corps, fumait une petite pipe "TD".

"D'où diable viens-tu?" » s'enquit-il avec bonhomie.

« Washington », répondit Thornton, et quelque chose lui disait que c'était là la vraie chose – les « marchandises » – et que son voyage serait remboursé.

Hooker a agité le « TD » d'une manière générale vers des fauteuils en crin en panne et une caisse vide.

"Asseyez-vous, n'est-ce pas ?" » dit-il comme s'il avait vu son hôte la veille seulement. Il chercha vaguement autour de lui quelque chose que Thornton pourrait fumer, puis s'assit sur un banc encombré tenant plusieurs cornues, à côté desquelles flambait une sarbacane oxyacétylène. C'était un petit gars desséché, au cou maigre et à la pomme d'Adam saillante. Ses longs cheveux ne témoignaient pas de l'utilisation du peigne, et ses mains étaient celles d'Ésaü. Il avait une vigilance qui évoquait un rouge-gorge, mais donnait en même temps l'impression qu'il regardait à travers les choses plutôt qu'à les regarder. Sur la cheminée se trouvait une soucoupe contenant les noyaux de plusieurs pommes à oxydation rapide et une boîte de biscuits à l'avoine à moitié mangés.

"Mon Seigneur ! C'est un trou en désordre ! Pas plus d'ordre que lorsque vous étiez étudiant !" s'exclama Thornton, regardant autour de lui avec une horreur amusée.

"Commande?" répliqua Bennie avec indignation. "Tout est en parfait ordre ! Cette chaise est remplie des lettres auxquelles j'ai *déjà* répondu ; cette chaise des lettres auxquelles je *n'ai pas* répondu ; et cette chaise des lettres auxquelles je ne répondrai *jamais* !"

Thornton s'assit sur la caisse en riant. C'était le même vieux Bennie !

"Tu es un incorrigible !" il soupira désespérément.

"Eh bien, vous êtes un observateur d'étoiles, n'est-ce pas ?" » s'enquit Hooker en rallumant sa pipe. " Quelqu'un me l'a dit, je ne sais plus qui. Vous devez avoir beaucoup de problèmes intéressants. On me dit que votre nouvelle planète est pleine d'uranium. "

Thornton rit. "Il ne faut pas croire tout ce que vous lisez dans les journaux. Sur quoi travaillez-vous en particulier ?"

"Oh, le radium et l'induction thermique principalement", répondit Hooker. "Et quand je veux me reposer , je m'essaye à la quatrième dimension : la courbure spatiale est mon passe-temps. Mais je travaille toujours à la radio. C'est là que les grandes choses vont être réalisées, vous savez."

"Oui, bien sûr", répondit Thornton. Il se demandait si Hooker avait déjà vu un journal et depuis combien de temps il n'était pas sorti de la maison. "Au fait, saviez-vous que Berlin avait été prise ?" Il a demandé.

« Berlin, en Allemagne, tu veux dire ?

"Oui, par les Russes."

"Non ! Vraiment ?" » demanda Hooker avec politesse. "Oh, je pense que quelqu'un l'a mentionné."

Thornton chercha une cigarette et Bennie lui tendit une allumette. Ils semblaient avoir extraordinairement peu de choses à dire pour des hommes qui ne s'étaient pas vus depuis vingt-six ans.

"Je suppose," poursuivit l'astronome, "vous trouvez vraiment drôle que je vienne ici par hasard après tout ce temps, mais le fait est que je suis venu exprès. Je veux obtenir directement de vous des informations."

"Poursuivre!" » dit Bennie. "De quoi ça parle?"

" Eh bien, en un mot, " répondit Thornton, " la Terre a près d'un quart d'heure de retard sur l'heure. "

Hooker reçut cette annonce avec un intérêt poli mais sans étonnement.

"C'est un comment faire !" remarqua-t-il. "Qu'est-ce qu'il a fait ?"

"C'est ce que je veux que vous *me disiez* " , dit sévèrement Thornton. "Qu'est-ce qui *pourrait* faire ça ?"

Hooker délaça ses jambes et se dirigea vers la cheminée.

"Tu as un cracker ?" » demanda-t-il en s'aidant. Puis il ramassa un morceau de bois et commença à le tailler. "Je suppose qu'il y a le diable à payer ?" suggéra-t-il. "Les choses sont bouleversées, etc. ? Des changements atmosphériques ? Quand est-ce arrivé ?"

"Il y a environ trois semaines. Et puis il y a cette affaire du Sahara."

"Quelle affaire avec le Sahara ?"

"Tu n'as pas entendu?"

"Non", répondit Hooker avec impatience. "Je n'ai rien entendu. Je n'ai pas le temps de lire les journaux, je suis trop occupé. Mes transformateurs à inductance thermique ont fondu la semaine dernière et je suis tout en l'air. Qu'est-ce que c'était ?"

"Oh, peu importe maintenant", dit Thornton précipitamment, percevant que l'ignorance de Hooker était un atout supplémentaire. Il obtiendrait sa science pure, non contaminée par des questions de fait troublantes. "Et si la Terre perdait ce quart d'heure ?"

" Bien sûr , elle est hors de son orbite", remarqua Hooker avec détachement. "Et tu veux savoir ce qui a fait ça ? Ne te blâme pas. Je suppose que tu as exploré les possibilités de l'attraction stellaire."

« Réduction de ça ! » ordonna Thornton. "Ce que je veux savoir, c'est si cela peut arriver de l'intérieur ?"

"Pourquoi pas?" » s'enquit Hooker. "Un déplacement général de la masse suffirait. Il en serait de même pour la simple application d'une force au bon endroit."

"Cela n'était jamais arrivé auparavant."

"Bien sûr que non. Il n'y avait pas non plus d'oranges sans pépins jusqu'à l'arrivée de Burbank", a déclaré Hooker.

"Considérez-vous que cela est possible par une quelconque agence humaine ?" » demanda Thornton.

"Pourquoi pas?" répéta Hooker. "Tout ce dont vous avez besoin, c'est de l'énergie. Et elle traîne partout si seulement vous pouviez l'obtenir. C'est exactement ce à quoi je travaille actuellement. Le radium, l'uranium, le thorium, l'actinium - tous les éléments radioactifs - sont, comme tout le monde le sait, se désintégrant continuellement, libérant l'énorme énergie emprisonnée dans leurs molécules. Il leur faudra peut-être des générations, des époques, des siècles pour s'en débarrasser et se transformer en d'autres substances, mais ils finiront inévitablement par le faire. plus ou moins précipités, ce que font tous les éléments à loisir : une seule once d'uranium contient à peu près la même quantité d'énergie que celle qui pourrait être produite par la combustion de dix tonnes de charbon, mais elle ne laisse pas passer l'énergie. Au lieu de cela , il s'y accroche et l'énergie s'échappe lentement, presque imperceptiblement, comme l'eau d'un grand réservoir alimentée uniquement par un minuscule tuyau. « L'énergie atomique » Rutherford l'appelle. Chaque élément, chaque substance, est prête à être déclenché et utilisé. Le gars qui peut découvrir comment libérer cette énergie d'un seul coup révolutionnera le monde civilisé. Ce sera comme la découverte que l'eau pourrait être transformée en vapeur et faire fonctionner pour nous – multipliée un million de fois. Si, au lieu que cette énergie s'échappe et que l'uranium se désintègre infiniment chaque année, il pouvait exploser à un moment donné, vous pourriez conduire un paquebot avec une poignée d'uranium. Vous pourriez faire chanceler et renverser le vieux globe ! L'humanité pourrait tout simplement licencier et prendre des vacances. Mais *comment* ?"

Bennie brandit sa pipe avec enthousiasme en direction de Thornton.

"Comment ! C'est la question. Tout le monde connaît les possibilités, car Soddy a écrit un livre à ce sujet ; mais personne n'a jamais suggéré où se trouverait la clé pour ouvrir ce trésor d'énergie. Un jour, un type a inventé un roman et a prétendu que c'était le cas. " C'était fait, mais il n'a pas dit *comment* ... Mais" - et il baissa la voix avec passion - " J'y travaille, et... et... j'ai presque... presque réussi. "

Thornton, infecté par l'excitation de son ami, se pencha en avant sur sa chaise.

"Oui, presque. Si seulement mes transformateurs n'avaient pas fondu ! Vous voyez, j'ai eu l'idée de Savaroff , qui a remarqué que l'activité du radium et d'autres éléments n'était pas constante, mais variait avec le degré d'activité solaire, atteignant son maximum. aux périodes où les taches solaires étaient les plus nombreuses. Autrement dit, il a montré que la dégradation des atomes de radium et des autres éléments radioactifs n'est pas spontanée, comme le pensaient Soddy et d'autres, mais est due à l'action de certains Rayons extrêmement pénétrants émis par le soleil. Ces rayons particuliers sont le résultat de l'énorme température de l'atmosphère solaire, et leur effet sur les substances radioactives est analogue à celui de la capsule détonante sur la dynamite. Personne n'a été capable de produire ces rayons. en laboratoire, bien que Hempel ait parfois soupçonné que des traces en apparaissaient dans les radiations de puissantes étincelles électriques. Tout s'est arrêté jusqu'à ce qu'Hiroshito découvre l'induction thermique, et nous avons pu élever la température presque indéfiniment grâce à un processus similaire à l'induction de des potentiels électriques élevés grâce aux transformateurs et à la bobine de Ruhmkorff .

" Hiroshito ne cherchait pas un rayon détonant et n'a pas eu le temps de s'en préoccuper, mais j'ai commencé une série d'expériences dans ce but. Je me suis approché - je suis proche, mais le problème a été de contrôler le rayon détonant. forces mises en mouvement, car l'augmentation rapide de la température a toujours détruit l'appareil. »

Thornton siffla. "Et quand tu réussiras ?" » demanda-t-il à voix basse.

Le visage de Hooker était transfiguré.

"Quand j'aurai réussi , je contrôlerai le monde", s'écria-t-il, et sa voix trembla. "Mais cette foutue chose fond ou explose", a-t-il ajouté avec une pointe d'indignation.

" Vous connaissez bien sûr les expériences d'Hiroshito ; il utilisait une ampoule de quartz contenant un mélange de gaz néon et de vapeur de mercure, placée au centre d'une bobine de fil d'argent transportant un grand courant oscillatoire. Cela provoquait une décharge annulaire dans le ampoule, et la température du mélange de vapeur a augmenté jusqu'à ce que l'ampoule fonde. Il a calculé que la température de la partie de la vapeur qui transportait le courant était supérieure à 6 000°. Vous voyez, la décharge annulaire n'est pas en contact avec la paroi de l'ampoule. ampoule, et peut donc être beaucoup plus chaud. C'est comme ça." Ici, Bennie a dessiné avec une allumette brûlée au dos d'une enveloppe un schéma de quelque chose qui ressemblait à un beignet dans une fiole de chianti.

Thornton se gratta la tête. « Oui, » dit-il, « mais c'est un vieux principe, n'est-ce pas ? Pourquoi Hiro – quel est son nom – appelle-t-il cela – l'induction thermique ?

"Imagination orientale, probablement", répondit Bennie. " Hiroshito a observé qu'une augmentation soudaine de la température de la décharge s'est produite au moment où la bobine d'argent de son transformateur est devenue chauffée à blanc, ce qu'il a expliqué par une mystérieuse action inductive des vibrations thermiques. Je ne le suis pas du tout. Sa théorie est probablement complètement fausse, mais il a tenu ses promesses. Il m'a donné le bon conseil, même si je l'ai maintenant attaché au mât. J'utilise une spirale de tungstène sous atmosphère d'azote dans mon transformateur et je remplace l'ampoule de quartz par une capsule de zircorindon ."

"Une capsule de quoi ?" » a demandé Thornton, dont l'alchimie était mi-victorienne.

" Zircorundum ", dit Bennie en fouillant dans un tiroir de sa table de travail. "C'est un non-conducteur absolu de chaleur. Regardez ici, mettez simplement votre doigt dedans." Il tendit à Thornton ce qui semblait être un petit tube à essai en verre noir. Thornton, avec une légère hésitation morale, fit ce qu'on lui disait, et Bennie, en sifflant, ramassa la sarbacane oxyacétylène, la considérant un peu comme un amateur de chiens pourrait regarder un chiot exceptionnellement beau. « Levez votre doigt », dit-il à l'astronome. "C'est vrai, comme ça !"

Poussant la sarbacane vers l'avant, il laissa la flamme sifflante bleu-blanc s'enrouler autour de la paroi extérieure du tube – une flamme dont Thornton savait qu'elle pouvait fondre à travers un bloc d'acier – mais l'astronome ne ressentit aucune sensation de chaleur, bien qu'il on s'attendait naturellement à ce que le membre soit incinéré.

« Bizarre, hein ? » dit Bennie. "Isolation absolue ! Plus performant qu'une bouteille thermos et ne nécessite aucun vide. Ce n'est cependant pas tout à fait ce que je souhaite, car les rayons de désintégration émis par la décharge annulaire décomposent le zirconium, qui n'est pas un produit final de la radioactivité. La pression dans la capsule augmente, à cause de la libération d'hélium, et elle explose, et la propriétaire ou la police viennent me déranger."

Thornton examinait le schéma approximatif de Bennie. « Cette décharge annulaire », méditait-il ; "Je me demande si ce n'est pas quelque chose qui ressemble à une tache solaire. Vous savez que ces taches sont des vortex d'électrons avec de puissants champs magnétiques. Je vous parie que les rayons désintégrants de Savaroff proviennent des taches et non de toute la surface du soleil !"

" Ma parole, " dit Bennie avec un sourire ravi, " vous avez parfois une idée éclairante, même si vous êtes un astronome moisi. J'ai toujours pensé que vous étiez une sorte de machine à calculer, qui dormait sur une table de logarithme. vous deux verres pour cette suggestion, et pour vous donner soif, je vais vous montrer une expérience qu'aucun être humain vivant n'a jamais vue auparavant. Je ne peux pas encore créer de rayons désintégrateurs très puissants, mais je peux décomposer l'uranium, qui " C'est le plus simple de tous. Plus tard, si j'ai de la chance, je serai capable de désintégrer n'importe quoi, c'est-à-dire n'importe quoi, sauf les produits finaux. Vous verrez alors les choses voler. Mais, pour le moment, juste ceci. " Il ramassa une fine plaque de métal blanc. "C'est le métal que nous allons attaquer, l'uranium, le parent du radium, et toute la série radioactive, en terminant par le plomb, le produit final."

Il suspendit la plaque par deux fils fins fixés à ses coins, et ajusta une bobine de fil en face de son centre , tandis qu'à l'intérieur de la bobine il glissait une petite capsule noire.

"C'est le mieux que nous puissions faire maintenant", a-t-il déclaré. "La capsule est faite de zircorindon , et nous n'obtiendrons qu'une trace des rayons qui se désintègrent avant qu'elle explose. Mais vous les verrez , ou plutôt vous verrez la phosphorescence lavande de l'air qu'ils traversent." ".

Il a disposé une épaisse plaque de verre entre Thornton et le transformateur thermique, et s'est dirigé vers le mur pour fermer un interrupteur. Une décharge d'étincelle oscillatoire a commencé avec un rugissement dans une boîte fermée, et la bobine de fil est devenue chauffée à blanc.

"Surveillez l'assiette !" cria Bennie.

Et Thornton regardait.

Pendant dix ou quinze secondes, rien ne s'est produit, puis un faible faisceau de lumière lavande pâle a jailli de la capsule et la plaque métallique s'est éloignée de la bobine incandescente comme si elle était soufflée par une légère brise.

Presque instantanément, il y eut un bruit fort et un éclair aveuglant de lumière jaune si brillant que pendant un instant ou deux, aux yeux de Thornton, la pièce parut sombre. Lentement, la lumière de l'après-midi retrouva sa qualité normale. Bennie ralluma sa pipe sans souci.

"C'est le germe de l'idée", dit-il entre deux bouffées. "Cette capsule contient un mélange de vapeurs qui émettent des rayons désintégrants lorsque la température est élevée par induction thermique au-dessus de six mille. La plupart d'entre elles sont arrêtées par les atomes de zirconium de la capsule, qui se décomposent et libèrent de l'hélium ; et la température augmente. dans la capsule jusqu'à ce qu'elle explose, comme vous l'avez vu tout à l'heure, avec un éclair de lumière jaune d'hélium. Les rayons qui en sortent frappent la plaque d'uranium et provoquent la désintégration de la couche superficielle de molécules, leurs produits étant chassés par les explosions atomiques avec une vitesse à peu près égale à celle de la lumière, et c'est le recul qui dévie et fait pivoter la plaque. La quantité d'uranium décomposé dans cette expérience n'a pas pu être détectée par l'équilibre le plus délicat : une petite masse, mais une vitesse énorme. Vous voyez ?

"Oui, je comprends", répondit Thornton. "C'est le vieux principe selon lequel l'impulsion est égale à la masse multipliée par la vitesse, que nous avions en mécanique."

" Bien sûr, ce n'est qu'une expérience de jouet", a poursuivi Bennie. "C'est ce que les boules de pith dansantes de l'époque de Franklin étaient pour la dynamo multipolaire à haute fréquence. Mais si nous pouvions contrôler cette force et la gérer à grande échelle , nous pourrions tout faire avec elle : détruire le monde, conduire une voiture contre la gravité. dans l'espace, déplacez l'axe de la terre peut-être !"

Thornton comprit alors qu'il était assis là, cigarette à la main, que le pauvre Bennie Hooker allait subir la déception de sa vie. Dans les cinq minutes suivantes, ses rêves seraient anéantis, car il apprendrait qu'un autre était descendu avant lui dans le bassin de la découverte. Depuis combien d'années, se demandait-il, Bennie avait-il travaillé pour produire son mystérieux rayon qui devait briser l'atome et libérer la réserve d'énergie que les génies de la nature y avaient dissimulée. Et maintenant Thornton doit lui dire que tous ses efforts n'ont servi à rien !

"Et vous croyez que quiconque pourrait générer un rayon tel que celui que vous décrivez pourrait contrôler le mouvement de la terre ?" Il a demandé.

"Bien sûr, certainement", répondit Hooker. "Il pourrait soit désintégrer des quantités de matière si énormes que la masse de la Terre serait déplacée et son axe polaire modifié, soit si des substances radioactives - la pechblende, par exemple - restaient exposées à la surface de la Terre, il pourrait les faire décharger leur hélium. et d'autres produits à une vitesse si énorme que le recul ou la réaction accélérerait ou retarderait le mouvement du globe. Ce serait tout à fait réalisable, assez simple - tout ce dont on aurait besoin serait le rayon de désintégration.

Et puis Thornton a raconté à Hooker le vol de la machine géante Ring depuis le nord et la destruction des montagnes de l'Atlas grâce à l'apparente instrumentalité d'un rayon de lumière lavande. Le visage de Hooker pâlit légèrement et sa bouche mal rasée se crispa. Puis un sourire d'exaltation illumina ses traits.

"Il l'a fait !" s'écria-t-il joyeusement. "Il l'a fait à une échelle d'ingénierie. Nous, rêveurs de science pure, tournons le nez vers les ingénieurs, mais je vous dis que les améliorations dans la partie appareil du jeu surviennent lorsqu'il y a une forte demande commerciale pour une chose et que les ingénieurs Je ne pense pas *pouvoir* lui apprendre grand- *chose* , mais j'ai une expérience magnifique que nous pouvons tenter ensemble.

Il se tourna vers une table à écrire encombrée et fouilla parmi les papiers qui s'y trouvaient.

"Vous voyez," expliqua-t-il avec enthousiasme, "s'il y a quelque chose dans la théorie quantique... Oh ! mais cela ne vous intéresse pas. Le problème est de savoir où *est* ce type ?"

donc dû commencer par le début et tout raconter à Hooker sur les messages mystérieux et les phénomènes qui les accompagnaient . Il s'étendit sur les intentions bienveillantes de Pax et sur les grands problèmes posés par le projet d'ingérence du gouvernement des États-Unis dans les affaires continentales, mais Bennie les balaya. L'essentiel, à son avis, était de trouver Pax et d'entrer en communication avec lui.

"Ah ! Qu'est-ce qu'il doit ressentir ! La plus grande réussite de tous les temps !" s'écria Hooker radieux. "Comme c'est un bonheur extatique ! La terre fleurit comme la rose ! Des vallées bien arrosées là où il y avait autrefois des déserts. La guerre abolie, la pauvreté, la maladie ! Qui cela peut-il être ? Curie ? Non ; elle est mise en bouteille à Paris. Posky , Langham, Varanelli - ça peut" Ce n'est pas l'un de ces types. Cela me bat ! Des hindous ou des Japonais peut-être, mais jamais Hiroshito ! Maintenant, nous devons l'atteindre tout de suite. Tant de choses à discuter. Il se promenait dans la pièce, tâtonnant, étourdi à l'idée que son grand rêve était devenu réalité. Soudain, il a tout balayé de la table sur le sol et a donné un coup de pied en l'air.

"Hourra!" » cria-t-il en dansant dans la pièce comme un étudiant de première année. "Hourra ! Maintenant, je peux prendre des vacances. Et à bien y penser, j'ai aussi faim qu'un brontosaure !"

Cette nuit-là, Thornton retourna à Washington et était à la Maison Blanche à neuf heures le lendemain.

"Tout va bien", a-t-il déclaré au président. "L' homme le plus honnête des Etats-Unis l'a dit."

XI

La lune se levait sur Paris endormi, argenté les étendues silencieuses de la Seine, inondant les rues désertes d'une douce lumière, mais retouchant doucement toutes les défigurations du siège. Aucune lumière n'éclairait les cafés, aucun taxi ne s'élançait sur les boulevards, aucune foule ne flânait place de l'Opéra ou place Vendôme . Pourtant, sans ces faits, cela aurait pu être le Paris d'autrefois, épargné par la faim, la misère ou la mort. Le couvre-feu avait sonné. Chaque citoyen était depuis longtemps rentré, éteint ses lumières et verrouillait sa porte. Sachant que la deuxième avance des Allemands avait finalement été stoppée et effectivement bloquée à soixante milles hors des murs, et qu'un armistice avait été déclaré pour entrer en vigueur à minuit, Paris dormait paisiblement.

Au-delà des champs jonchés de boulets et des glacis de la deuxième ligne de défense , l'envahisseur, après une série d'assauts terribles, s'était arrêté, avait reculé de quelques kilomètres et s'était retranché là pour attendre que la ville affamée capitule. Il avait attendu quatre mois, et Paris ne donnait aucun signe de capitulation. Au contraire, il semblait disposer de mystérieux moyens d'autofinancement, et le ministère de la Guerre, en communication quotidienne avec Londres, rapporta qu'il pourrait supporter cet investissement pendant une période indéterminée. Pendant ce temps, les Allemands se retranchèrent , construisirent leurs propres forts sur lesquels ils montèrent les canons de siège destinés aux murs, et construisirent une ligne imprenable d'enchevêtrements, de redoutes et de défenses , qui empêchait toute armée en dehors de la ville de venir à sa position. relief.

Ainsi se leva la lune, blanchissant les millions de toits d'ardoise, dorant les entrelacs des tours de Notre-Dame, atténuant les projecteurs qui, telles les antennes de gigantesques lucioles, jouaient constamment autour de la ville depuis le sommet de la Tour Eiffel. Ainsi dormait Paris, sûr qu'aucun fracas de bombes ne briserait la voûte bleue du ciel étoilé ni ne déchirerait les habitations où reposaient deux millions d'êtres humains, assuré que le soleil se lèverait à travers les brumes grises de la Seine sur les beautés antiques. des Tuilleries et du Louvre à l'abri des projectiles ennemis, et que ses citoyens pouvaient circuler librement sur ses boulevards sans menace de mort par des missiles volants. Car aucun obus ne pouvait être lancé sur une distance de soixante milles, et un armistice avait été déclaré.

Derrière une petite colline au sein des fortifications allemandes, un groupe d'officiers se tenait au clair de lune, examinant ce qui ressemblait superficiellement au hangar d'un petit dirigeable. Nichée derrière la colline, elle projetait une ombre rectangulaire noire sur le sable piétiné de la redoute. Une vingtaine d'artisans s'affairaient à combler une tranchée profonde par laquelle débouchait quelque part un énorme tuyau – sorte de plomberie mortelle, car la maison abritait un canon monstre renforcé par des gaines de plomb et d'acier, le tout enfermé dans un appareil de refroidissement de fabrication complexe. . Depuis l'extrémité ouverte de la maison, le canon cylindrique du gigantesque engin de guerre s'élevait dans les airs à un angle de quarante degrés, et depuis la bouche jusqu'au sol, il y avait une chute de plus de quatre-vingts pieds. Sur une voie partant vers le nord, les projectiles reposaient côte à côte, ressemblant, dans la pénombre, à une rangée de chaudières à vapeur dans la cour d'une usine de locomotives.

"Eh bien", remarqua l'un des officiers en se tournant vers le seul de ses compagnons qui ne portait pas l'uniforme. "'Thanatos' est prêt."

L'homme auquel il s'adressait était Von Heckmann , l'inventeur d'armes militaires le plus célèbre au monde, déjà quatre fois décoré pour ses services rendus à l' empereur .

"Le travail de neuf ans !" répondit-il avec émotion. "Neuf longues années d'abnégation et d'études incessantes ! Mais ce soir je serai récompensé, récompensé mille fois."

Les officiers lui serrent la main les uns après les autres et le groupe se sépare ; les hommes qui remplissaient la tranchée achevèrent leur travail et s'en allèrent ; et Von Heckmann et le major-général de l'artillerie restèrent seuls, à l'exception des sentinelles près du canon. La nuit était douce et la lune chevauchait dans un ciel sans nuages au-dessus de la colline. Ils traversèrent l'enceinte, suivis des deux sentinelles, et, s'engageant dans un passage, atteignirent le mur extérieur de la redoute, qui était à son tour fermé et verrouillé. Ici, les sentinelles sont restées, mais Von Heckmann et le général ont continué derrière les fortifications sur une certaine distance.

"Eh bien, allons-nous commencer le bal ?" demanda le général en posant la main sur l'épaule de von Heckmann . Mais l'inventeur avait tellement de mal à maîtriser son émotion qu'il ne pouvait que hocher la tête. Pourtant, le bal auquel le général faisait allusion était le lancement d'une machine de guerre diabolique vers une ville sans méfiance et inoffensive, peuplée de gens endormis, et l'émotion de l'inventeur était due au fait qu'il avait conçu et achevé le plus atroce engin de mort. jamais conçu par l'esprit de l'homme : le Relay Gun. Aussi horrible que puisse paraître cette pensée, cet homme par ailleurs normal avait consacré neuf années entières au problème de savoir comment détruire la vie humaine à une distance de cent kilomètres , et finalement il avait réussi, et un empereur avait placé son propre homme divinement désigné. remet un ruban à l'endroit sous lequel son cœur aurait dû se trouver.

Le projectile de cette invention diabolique mesurait quatre-vingt-quinze centimètres de diamètre, et était lui-même un mortier rayé, qui en plein vol, à vingt milles du canon et au sommet de sa trajectoire, explosait en plein air, projetant en avant le projectile qu'il contenait. avec une vitesse supplémentaire de trois mille pieds par seconde. Ce processus s'est répété, la bombe finale ou centrale, pesant plus de trois cents livres et remplie de lyddite, atteignant sa marque une minute et trente-cinq secondes après le tir du canon. Cet exemple suprême de l'ingéniosité destructrice de l'esprit humain avait coûté au gouvernement allemand cinq millions de marks et avait nécessité trois ans pour sa construction, et la moindre de ses capacités diaboliques était celle de se recharger automatiquement et de se tirer dessus tous les dix ans. secondes, son museau s'élève, descend ou vire légèrement d'un côté à l'autre à chaque décharge, provoquant ainsi la chute des obus sur de grandes distances. Le caractère toxique des immenses volumes de gaz déversés par le mastodonte en action a nécessité le retrait de son équipage à une distance de sécurité. Mais une fois mis en mouvement, il ne nécessitait aucun accompagnateur. Il avait été testé la veille par un tir préliminaire dirigé vers un point situé à plusieurs kilomètres en dehors des murs de Paris, dont l'effet avait été observé et rapporté par des avions allemands volant à haute altitude et équipés de radio. Tout était prêt pour l'holocauste.

Von Heckmann et le général d'artillerie continuèrent leur chemin à travers les retranchements et autres fortifications, jusqu'à ce qu'à environ un quart de mille de la redoute où ils avaient laissé le canon-relais ils arrivèrent à une petite maison blanchie à la chaux.

"J'ai invité quelques-uns de mes collaborateurs à nous rejoindre", dit le général à l'inventeur, "afin qu'ils puissent, dans les années à venir, décrire à leurs enfants et à leurs petits-enfants cet événement le plus capital de l'histoire de la guerre. "

Ils tournèrent au coin de la maison et tombèrent sur un groupe d'officiers debout près de la porte en bois de la maison, qui saluèrent tous à leur approche.

"Bonsoir, messieurs", dit le général. "Je vous présente les membres de mon équipe", se tournant vers Von Heckmann .

Les officiers reculèrent pendant que le général les conduisait dans la maison, dont l'étage inférieur ne comprenait qu'une seule pièce, utilisée par les récents locataires comme cuisine, salle à manger et salon. À l'une des extrémités d'une longue table construite par le charpentier du régiment, le souper avait été servi et un seau rempli de glace contenait au moins une douzaine de litres de champagne. Deux aides-soignants se tenaient derrière la table, à l'autre extrémité de laquelle était fixé un petit interrupteur en laiton relié à la redoute et commandé par un ressort et un bouton. Les fenêtres de la chaumière étaient ouvertes, et à travers elles coulait la lumière de la pleine lune, atténuant la lumière vacillante des bougies sur la table.

Malgré le champagne, le souper et les boîtes de cigares et de cigarettes, une atmosphère de solennité était nettement perceptible. C'était comme si chacun de ces officiers, endurcis à la souffrance humaine par une vie de discipline et de service actif, sans parler des années d'horreur qu'ils venaient de traverser, ne pouvaient s'empêcher de sentir qu'en dernière analyse les coups lancés sur eux une ville sans méfiance, une pluie de projectiles contenant le plus puissant explosif connu en guerre, à une distance trois fois supérieure à celle jusqu'ici supposée possible à la science, et l'anéantissement de ses habitants qui s'ensuivit, était moins une source de félicitations et d'applaudissements qu'une source de tristesse. et regretter. Les officiers, qui s'étaient plaisantés devant la porte, devinrent singulièrement silencieux en entrant dans la maison et se rassemblèrent autour de la table où Von Heckmann et le général s'étaient placés près de l'instrument. Un silence total tomba sur le groupe. Le mercure de leurs esprits est passé de la chaleur estivale à des températures inférieures à zéro. Quelle était cette chose qu'ils s'apprêtaient à faire ?

Par les fenêtres, à quatre cents mètres de distance, le martèlement des machines qui inondaient la chemise d'eau du Relay Gun était distinctement audible dans le calme de la nuit. Il suffit d'appuyer sur un doigt, un petit doigt, sur ce bouton électrique pour déclencher le torrent de fer et d'explosifs vers Paris. Au moment où le premier obus atteignait sa cible, neuf autres obus seraient en route, s'étendant dans le ciel de minuit à des intervalles de moins de huit milles. Et une fois démarré, le flux continuerait sans interruption pendant deux heures. Les yeux fascinés de tous les officiers se fixèrent sur la clé. Aucun n'a parlé.

"Eh bien, messieurs !" s'écria brusquement le général, qu'avez-vous ? Vous agissez comme si vous étiez à un enterrement ! Hans, se tournant vers l'infirmier, ouvrez là le champagne. Remplissez les verres. Pare-chocs tous, messieurs, pour le plus grand inventeur. de tous les temps, Herr von Heckmann , l'inventeur du Relay Gun !"

L'infirmier s'élança et commença à déboucher les bouteilles en toute hâte, tandis que Von Heckmann se tournait vers la fenêtre.

"Ici, ça ne va pas, Schelling ! Il faut animer un peu les choses !" continua le général à l'un des officiers. "C'est une grande occasion pour nous tous ! Donnez-moi cette bouteille." Il saisit un magnum de champagne des mains de l'infirmier et commença à verser le liquide moussant dans les verres à côté des assiettes. Schelling a fait une faible tentative de plaisanterie dont les officiers ont ri bruyamment, car le général était un martinet et il fallait se moquer .

"Maintenant," cria le général en regardant vers la fenêtre, "Herr von Heckmann , nous allons boire à votre santé ! Officiers de la Première Artillerie, je vous porte un toast, un toast dont vous vous souviendrez tous. votre dernier jour ! Pare-chocs, messieurs ! Pas de coups de talon ! Je vous donne la santé de « Thanatos » – le léviathan de l'artillerie, le porteur ailé de la mort et de la destruction – et de son inventeur, Herr von Heckmann . Pare-chocs, messieurs ! Le général frappa Von Heckmann sur l'épaule et vida son verre.

"'Thanatos !' Von Heckmann !" crièrent les officiers. Et d'un commun accord ils jetèrent leurs gobelets sur le dallage de pierre sur lequel ils se tenaient.

"Et maintenant, mon cher inventeur," dit le général, "à vous appartient l' honneur de susciter l'activité de 'Thanatos'. Êtes-vous prêts, messieurs ? Je vous préviens que lorsque 'Thanatos' ronfle, les chevrons sonnent."

Von Heckmann s'était tenu la tête baissée pendant que les officiers buvaient sa santé, et il se tournait maintenant avec hésitation vers le petit interrupteur en laiton avec son bouton de caoutchouc noir qui brillait si innocemment à la lueur des bougies. Sa main droite tremblait. Il passa l'arrière de sa gauche sur ses yeux. Le général sortit de sa poche une grande montre en argent. « Onze heures cinquante-neuf minutes », annonça-t-il. "À midi une minute, Paris sera éventré . Mettez le doigt sur le bouton, mon ami. Commençons le bal."

Von Heckmann jeta un regard presque inquiet sur les visages des officiers penchés sur la table dans l'intensité de leur excitation. Son exaltation, son exaltation avaient disparu de lui. Il semblait bouleversé par l'importance de l'acte qu'il s'apprêtait à accomplir. Lentement, son index se dirigea vers le bouton et resta à moitié suspendu au-dessus. Il serra les lèvres et s'apprêtait à exercer la pression nécessaire pour transmettre le courant électrique à l'appareil de décharge, quand, de manière inattendue, résonna dans la nuit le claquement aigu des sabots d'un cheval venant au galop dans la rue du village. Le groupe se tourna vers la porte avec attente.

Un officier vêtu de l'uniforme d'aide de camp d'artillerie entra brusquement, salua et sortit de la poche intérieure de sa veste une enveloppe cachetée qu'il remit au général. L'intérêt des officiers s'est soudain concentré sur le contenu de l'enveloppe. Le général grogna de cette interruption, déchira la missive et tendit à la lueur d'une bougie l'unique feuillet qu'elle contenait.

« Un armistice ! s'écria-t-il avec dégoût. Son regard parcourut rapidement la page.

« *Au général de division commandant la première division d'artillerie de l'armée de la Meuse :*

"Un armistice a été déclaré, qui doit commencer à minuit, en attendant les négociations de paix. Vous verrez qu'aucun acte d'hostilité ne se produira jusqu'à ce que vous receviez un avis indiquant que la guerre doit reprendre.

" VON HELMUTH , " Commissaire impérial à la guerre".

Les officiers éclatèrent en exclamations d'impatience tandis que le général froissait la missive dans sa main et la jetait par terre.

« *Donnerwetter !* » cria-t-il. "Pourquoi avons-nous été si lents ? Maudit soit l'armistice !" Il jeta un coup d'œil à sa montre. Il indiquait déjà après minuit. Son visage est devenu rouge et les veines de son front ont enflé.

"Au diable la paix !" » beugla-t-il en remontant sa montre jusqu'à ce que l'aiguille des minutes indique midi moins cinq. "Au diable la paix, dis-je ! Appuie sur le bouton, Von Heckmann !"

Mais malgré l'angoisse de la déception qu'il éprouvait maintenant avec acuité, Von Heckmann ne tira pas. Soixante ans de respect des ordres par les Allemands le tenaient dans une étau et lui paralysaient le bras.

"Je ne peux pas," marmonna-t-il. "Je ne peux pas."

Le général semblait devenu fou. Repoussant Von Heckmann , il se jeta sur une chaise au bout de la table et appuya avec un grognement sur la poignée noire de la clé.

Les officiers haletèrent. Endurcis comme ils l'étaient aux nécessités de la guerre, aucun acte d'insubordination comme celui-ci ne s'était jamais produit dans leur expérience. Pourtant, ils doivent tous soutenir le général ; ils doivent tous jurer que le coup de feu a été tiré avant minuit. La clé a cliqué et une perle bleue s'est cassée sur l'interrupteur. Ils retinrent leur souffle, regardant par la fenêtre à l'ouest.

Au début, la nuit resta calme. On n'entendait que le chant des grillons et le frémissement du cheval de l'aide de camp, à l'extérieur de la chaumière. Puis, comme le grincement d'un moulin à café dans une cuisine lointaine quand on sort tout juste d'un sommeil profond, ils entendirent le léger vrombissement étouffé des machines, un anneau métallique plus aigu d'acier contre acier suivi d'une gigantesque détonation qui secoua le corps. sol sur lequel se trouvait la chaumière et renversait tous les verres sur la table. Avec un rugissement semblable à la chute d'un gratte-ciel, le premier obus s'élança dans la nuit. A moitié terrifiés, les officiers s'agrippèrent à leurs chaises, attendant la deuxième décharge. La réverbération résonnait encore dans les collines lorsque la deuxième détonation s'est produite, suivie de peu par la troisième et la quatrième. Puis, entre les explosions fracassantes, un grondement lointain, suivi d'un frémissement de l'air, comme si la nuit était effrayée, montait de l'ouest vers Paris, montrant que les projectiles étaient au sommet de leur vol et entrer en action. Un lac de fumée jaune se formait dans la poche derrière la colline où se trouvait la redoute dans laquelle « Thanatos » ronflait.

Sur le grand hippodrome de Longchamps , dans le bois de Boulogne, le vaste troupeau de vaches, moutons, chevaux et chèvres, rassemblé par la ville de Paris et gardé par cinquante ou soixante bergers spécialement importés des *Landes* , avait depuis longtemps depuis, ils avaient cessé de brouter et s'étaient installés dans le profond sommeil du monde animal, interrompu seulement par un bêlement occasionnel ou le hennissement incessant d'un étalon. Sur l'hippodrome proprement dit, devant la tribune et entre celle-ci et la tribune des juges, quatre de ces bergers avaient allumé un petit feu et, à sa lumière, jetaient des dés pour des sous. Ils avaient la vie facile, ces bergers, car leurs troupeaux ne s'erraient pas, et il leur suffisait de veiller à ce que les animaux soient convenablement conduits dans les endroits du Bois qui leur permettraient de se nourrir convenablement.

"Eh bien, *mes enfants* ", s'écria le vieil Adrian Bannalec en sortant de sa blouse une montre en forme de navet et en la tendant à la lueur du feu, "il est midi et il est temps de se coucher. Mais que dit-on d'une tasse ? de chocolat d'abord ? »

Les autres accueillirent la suggestion avec approbation, et passant quelque part sous la tribune, Bannalec sortit une marmite remplie d'eau, qu'il suspendit avec beaucoup de dextérité au-dessus du feu au bout d'un bâton pointu. L'eau commença à bouillir presque aussitôt, et ils étaient sur le point d'y casser leur chocolat lorsque, de ce qui semblait être une distance immense, un curieux grondement parvint dans l'air.

"Ca c'était quoi?" murmura Bannalec . Le son fut suivi quelques secondes plus tard par un autre, et après un intervalle similaire par un troisième et un quatrième.

« Il allait y avoir un armistice », suggéra l'un des jeunes bergers. Il avait à peine parlé qu'une détonation beaucoup plus forte et apparemment plus proche se produisit.

"Ce doit être l'une de nos armes", dit fièrement le vieil Adrian. "Entendez-vous à quel point il parle plus fort que ceux des Allemands ?"

D'autres décharges se succédèrent alors rapidement, certaines plus faibles, d'autres beaucoup plus fortes. Et puis quelque part dans le ciel, ils virent un éclair de flammes, suivi d'un tonnerre qui secoua la tribune, et un grand serpent de feu s'envola dans les cieux en direction de Paris. À chaque instant, il grandissait, jusqu'à ce qu'il semble tomber du ciel droit vers eux, laissant derrière lui une traînée d'étincelles.

"Cela arrive", a bavardé Adrian.

"Dieu ait pitié de nous !" murmurèrent les autres.

Rigides de peur, ils regardaient, la bouche ouverte, l'obus qui semblait les avoir choisis pour son vol.

"Dieu ait pitié de nos âmes !" répéta Adrian après les autres.

Puis vint une lumière semblable à celle d'un million de soleils....

Hélas pour les femmes et les enfants des bergers ! Et hélas pour les troupeaux ! Mais mieux vaut que les huit bombes lancées par "Thanatos" dans le ciel de minuit vers Paris aient déchiré les feuillages du Bois , détruit les tribunes d'Auteuil et de Longchamps , avec seize cents moutons et bovins innocents, que qu'ils aient cherché leur victimes dans les rues bondées du centre-ville. Heureusement pour Paris que le canon relais avait été aperçu de manière à balayer la métropole d'ouest en est, et que si chaque obus s'approchait plus près des murs que son frère précédent, aucun n'atteignait les remparts. Car avec le déchargement du huitième obus et l'explosion de la première bombe à noyau rempli de lyddite parmi les animaux endormis blottis sur la pelouse devant les tribunes, il se produisit quelque chose que les pauvres bergers ne virent pas.

Les observateurs de la Tour Eiffel, observant le ciel avec leurs projecteurs d'avions et de dirigeables allemands, ont vu la première bombe à noyau percer le ciel en direction de Verdun, suivie de ses sept camarades, et ont vu chaque bombe exploser dans le Bois en contrebas . . Mais alors que le premier obus brisait le calme de la nuit et répandait ses vapeurs sulfureuses et mortelles parmi le bétail sans défense, les observateurs de la tour virent une vaste lumière jaillir vers le ciel, au loin à l'est.

À trois kilomètres du village de Champaubert , Karl Biedenkopf , originaire de Hesse-Nassau et soldat d'artillerie, faisait le piquet. Le clair de lune transformait la grande route menant à Épernay en un boulevard d'un blanc éclatant sur lequel il pouvait voir, lui semblait-il, à des kilomètres. L'air était doux et embaumé, et empli de l' odeur du foin que les soldats avaient récolté « pour le compte du Kaiser ». De l'autre côté de la route, « Gretchen », la jument de Karl, broutait en ruminant, tandis que le piquet lui-même était assis sur le mur de pierre au bord de la route, fumant le cigare de Brême que son caporal lui avait offert après le dîner.

La nuit était remplie d'étoiles. Ils étaient tous si brillants qu'il ne remarqua pas d'abord la comète qui naviguait lentement vers lui depuis le nord-ouest, suivant apparemment la ligne des retranchements allemands d'Amiens, Saint-Quentin et Laon vers Reims et Épernay . Mais la comète était là, projetant un long faisceau de lumière jaune sur les hôtes endormis qui assiégeaient l'anneau extérieur des fortifications françaises. Soudain, le repos des rétrospections de Biedenkopf fut brusquement déconcerté par le martèlement lointain de sabots, loin de Verdun. Il sauta du mur, prit son fusil, traversa la route, ajusta en toute hâte la bride de « Gretchen », sauta en selle et attendit le cavalier de nuit, quel qu'il soit. A trois cents pieds de distance , il cria : « Halte ! Le cavalier tira les rênes, donna précipitamment le mot de passe, et Biedenkopf , reconnaissant l'aide de camp, salua et s'écarta.

"Voilà un chanceux," dit-il à voix haute. « Rien d'autre à faire que de parcourir les routes, de s'arrêter partout où il voit une auberge agréable ou un joli visage, de dépenser de l'argent comme de l'eau et de ne jamais risquer un cheveu de sa tête.

Il ne lui est jamais venu à l'esprit que c'était peut-être lui qui avait de la chance. Et tandis que l'aide de camp galopait et que le bruit des sabots de son cheval devenait de plus en plus faible sur la route vers le village, la comète filait rapidement au-dessus de nous, inondant les fortifications d'une aveuglante lumière jaune orangé. Il ne pouvait pas se trouver à plus d'un kilomètre et demi lorsque Biedenkopf l'a vu. Instantanément, son œil exercé reconnut le fait que cet étrange objet rond jaillissant dans les airs n'était pas un corps céleste errant.

« *Ein Flieger !* » s'écria-t-il d'une voix rauque, en le regardant avec étonnement, sachant pertinemment qu'aucun dirigeable ni avion de fabrication allemande ne ressemblait en rien à cet extraordinaire voyageur des airs.

À une centaine de mètres de là, son téléphone de campagne était attaché à un peuplier, et jetant un regard furtif sur l'anneau volant, il galopa jusqu'à l'arbre et appela le caporal de la garde. Mais à l'instant même où l'on répondait à son appel, une série de détonations terribles secoua la terre et fit rugir les fils du récepteur, de sorte qu'il n'entendit rien. Un, deux, trois, quatre d'entre eux, suivis d'un lointain boum de réponse à l'ouest.

Et puis tout le ciel semblait plein de feu. Il fut projeté en arrière sur la route et resta à moitié abasourdi, tandis que la terre se déchaînait dans l'air avec un rugissement pareil à celui de dix mille obus explosant en même temps. Le sol tremblait, gémissait, grondait, grinçait, et des pluies de planches, de terre, de branches, de rochers, de légumes, de tuiles et toutes sortes d'objets méconnaissables et grotesques tombaient du ciel tout autour de lui. C'était comme une mine ou une série de mines gigantesques et sans fin, en explosion continue, un volcan se déversant des entrailles d'une terre incandescente. Au-dessus du tonnerre déchirant de l' éruption , il entendit des cris aigus et des hurlements rauques . Des hommes à cheval se précipitaient devant lui sur la route, seuls ou en escadrons. Un globe en fusion tomba à travers les branches du peuplier, et heurtant la surface dure de la route à une distance de cinquante mètres, il se dispersa comme un énorme lingot tombé d'un haut fourneau. De gros nuages de poussière descendirent et l'étouffèrent. Une chaleur fulgurante l'enveloppa....

Le lendemain, il était midi lorsque Karl Biedenkopf releva la tête et regarda autour de lui. Il crut d'abord qu'il y avait eu une bataille. Mais le spectacle qui se présentait à ses yeux ne ressemblait en rien à un champ de carnage. Au-dessus de sa tête, il remarqua que les branches supérieures du peuplier avaient été brûlées comme par le feu. La route donnait l'impression que la campagne avait été traversée par un ouragan. Toutes sortes de débris remplissaient les champs et partout il semblait y avoir un épais dépôt de terre noircie. Réalisant vaguement qu'il devait se présenter au travail, il rampa à quatre pattes, malgré sa tête éclatée et ses membres douloureux, sur la route en direction du village.

Mais il n'a pas pu trouver le village. Il n'y avait pas de village là-bas ; et bientôt il arriva à ce qui semblait être le bord d'un gigantesque cratère, où la terre avait été arrachée et rejetée comme par une énorme convulsion de la nature. Ici et là, des masses de matières inflammables fumaient et vacillaient de flammes rouges. Ses yeux cherchèrent les contours familiers des redoutes et des fortifications, mais ne les trouvèrent pas. Et là où se trouvait le village, il y avait une grande caverne dans la terre, et la partie la plus profonde de la caverne, du moins c'est ce qu'il semblait à sa vue à moitié aveugle, se trouvait à peu près à l'endroit où se trouvait la chaumière que son général avait utilisée comme lieu de résidence. son quartier général, l'endroit où la veille au soir ce général avait levé son verre de vin bouillonnant et porté un toast à « Thanatos », la personnification de la mort, et avait pris ses officiers à témoin que c'était le plus grand moment de l'histoire de la guerre, un moment qui ils se souviendraient tous de leur dernier jour.

Les petites maisons miteuses et distinguées de la Voie Appienne, à Cambridge, dont les yeux de fenêtre aux couvercles bleu-vert avaient observé Bennie Hooker aller et venir, allant et venant péniblement aux conférences et aux récitations, d'abord en tant qu'enfant, puis en tant qu'homme, pendant des années. trente ans, a dû cligner des yeux avec étonnement à la vue du petit professeur alors qu'il partait pour la célèbre expédition Hooker au Labrador à la recherche de l'Anneau volant.

Pendant les cinq jours qui suivirent la visite inattendue de Thornton, Bennie, vivant sans sommeil et presque sans nourriture, à l'exception de son aliment de base, le chocolat prêt à servir, fut au centre d'un tourbillon de livres, de logarithmes et de calculs dans la bibliothèque universitaire, et se constitua lui-même. un ravageur absolu, s'il est respecté, à l'Observatoire de Cambridge. De plus - et c'était le spectacle le plus iconoclaste de tous pour ses voisins pédagogiques conservateurs de la Voie Appienne - des télégraphistes à bicyclette se précipitaient çà et là dans un ruisseau entre la pension Hooker et Harvard Square à toute heure du jour et de la nuit. .

Car Bennie n'avait pas perdu de temps et s'était immédiatement lancé dans la même série d'expériences pour localiser l'origine des phénomènes qui avaient ébranlé le globe, telles qu'elles avaient été utilisées par le professeur von Schwenitz sous la direction du général von Helmuth, l'empereur impérial allemand. Commissaire à la guerre, à Mayence. Le résultat avait été à peu près identique, et Hooker s'était assuré que quelque part au centre du Labrador, son collègue scientifique – le découvreur de la raie lavande – menait les opérations qui avaient abouti à la dislocation de l'axe terrestre et au retard de son mouvement. . Rempli d'une joie scientifique pure et désintéressée, il devint sa seule et immédiate ambition de retrouver l'homme qui avait fait ces choses, de lui serrer la main et de comparer avec lui ses notes sur les problèmes désormais résolus de l'induction thermique et de l'atome. désintégration.

Mais comment y arriver ? Comment le joindre ? Car le professeur Bennie Hooker n'avait jamais été à cent milles de Cambridge de sa vie, et un voyage au Labrador semblait presque aussi difficile que de tenter d'atteindre le pôle. Reparti ensuite vers la bibliothèque universitaire, avec des jeunes dames pâles mais polies s'empressant de lui chercher des atlas, des cartes, des guides et des ouvrages traitant du sport et des voyages, jusqu'à ce qu'enfin le grand projet se dévoile à son esprit - le projet qui devait en résulter. dans la perpétuation de la désintégration atomique au profit de l'humanité et dans l'altération ultérieure de la civilisation, à la fois politique et économique. Innocemment, ingénieusement, naïvement, il a tout tracé. Personne ne doit savoir de quoi il s'agit. Oh non! Il doit s'enfuir, déguisé s'il le faut, et atteindre Pax seul. Trois seraient une foule dans cette communion de pensée scientifique ! Il doit emporter avec lui les notes de ses propres expériences, les schémas de son appareil et son précieux zirconium ; et il doit revenir avec le grand secret de la désintégration atomique dans sa poitrine, prêt, avec la permission du découvreur, à le donner au monde aride et assoiffé. Et alors, en effet, la terre fleurirait comme la rose !

Un spectacle étrange, le début de l'expédition Hooker !

de couleur du docteur Jelly venait de jeter un seau de mousse bleu-gris sur le perron de sa maison - il était 6h30 du matin - et était sur le point de s'agenouiller avec résignation et de nettoyer le porche du docteur, lorsqu'elle aperçut la porte de la résidence du professeur. ouvrez-le avec précaution et une curieuse exposition humaine, comme on n'en avait jamais vu auparavant sur mer ou sur terre, émerge subrepticement. C'était le professeur Bennie Hooker, déguisé en pêcheur de saumon !

Sur un knickerbocker de sportif flambant neuf à carreaux jaunes criards , il avait enfilé un imperméable anglais. Il avait sur les jambes des guêtres et sur la tête un casque en tissu, avec une visière devant et une autre derrière, avec des oreillettes fixées au sommet par un morceau de ruban noir — en d'autres termes un « Glengarry ». Le costume avait été fabriqué à Harvard Square et était un triomphe de l'art vestimentaire de la part de quelqu'un qui n'avait jamais été aussi proche d'un vrai pêcheur qu'une gravure de mode colorée . Cependant, cela évoquait un sportif de la variété habituellement représentée dans les suppléments comiques et, pour compléter le tableau, dans les mains et sous les bras du professeur Hooker se trouvaient des sacs en peau de porc jaune et des étuis à cannes, de sorte qu'il ressemblait à la vitrine d'un magasin de harnais.

" Pour les sakés de la terre !" s'exclama la servante de couleur des Jellys , inconsciente de sa mousse. " Fo ' de Lawd ! Suis -moi Perfesseur Hookey ?"

C'était! Mais un professeur nouveau et glorifié, avec une âme palpitante de joie de découverte et de romance, avec un éclair dans les yeux et les économies de dix ans en gros rouleau dans sa poche gauche.

Ainsi commença l'expédition Hooker, qui découvrit l'anneau volant et fit le fameux rapport à la Smithsonian Institution après le désarmement des nations. Mais si les nations avaient pu voir l'expédition sortir de sa pension ce matin de septembre , elles se seraient frottées les yeux.

Avec les plus grandes difficultés, le professeur Bennie Hooker a transporté ses sacs et ses étuis à cannes jusqu'à Harvard Square, où, grâce à l'aide d'un conducteur sympathique et plein d' humour , il a pu monter à bord d'un véhicule électrique de surface jusqu'à la gare du Nord.

Au-delà du démarrage de la rivière Moisie , son imagination refusait de le porter. Mais il avait une foi qui se rapprochait de la certitude qu'au-dessus des hauteurs de la terre – juste au-delà du bord – il trouverait Pax et l'Anneau volant. Pendant tout le temps qu'exigeaient ses expériences et ses préparatifs, il n'avait jamais jeté un coup d'œil à un journal ni posé de questions sur les progrès de la guerre qui exterminait rapidement les habitants du globe. L'induction thermique, la désintégration atomique, le Rayon Lavande, tels étaient l'Alpha, le Sigma, l'Omega de son existence.

Mais entre-temps [3] la guerre avait continué avec toutes ses horreurs, souffrances et pertes de vies humaines, et les représentants des nations rassemblées à Washington avaient tenté fébrilement de s'unir sur les termes d'un traité universel qui devrait mettre fin au militarisme et à la guerre. guerre pour toujours. Et par la suite également, bien que le professeur Hooker en fût sublimement inconscient, le célèbre conclave, connu sous le nom de Conférence n° 2, composé des hommes scientifiques les plus connus de tous les honneurs, était assis, en sueur, dans la grande salle de conférence de l'Université. Smithsonian Institution, ses membres se criant dessus dans une douzaine de langues différentes, se disant ce qu'ils faisaient et ce qu'ils ne savaient pas, et devenant de plus en plus confus et empêtrés dans un sous-bois de faits et d'observations contradictoires et de théories inconciliables jusqu'à ce qu'ils formulent aucun progrès, ce qui était précisément ce que l'astucieux et plausible comte von Koenitz , l'ambassadeur d'Allemagne, avait prévu et prévu.

L'anneau volant n'est pas réapparu, et malgré les témoignages incontestés du consul par intérim Quinn, de Mohammed Ben Ali el Bad et de mille autres personnes qui avaient effectivement vu le rayon lavande, les gens ont commencé progressivement, presque inconsciemment, à supposer que l'anneau volant n'était pas réapparu. la destruction des montagnes de l'Atlas avait été l'œuvre d'un volcan insoupçonné et que la présence de l'Anneau volant avait été une coïncidence et non la cause de la perturbation. L'incident est ainsi passé et l'attention du public s'est recentrée sur le conflit des plaines de Châlons -sur-Marne. Seuls Bill Hood, Thornton et quelques autres personnes dans le secret, ainsi que le président, le cabinet et les membres de la conférence n° 1 et de la conférence n° 2, ont véritablement compris la signification de ce qui s'était passé et ont réalisé que soit la guerre ou la race humaine doit disparaître pour toujours. Et personne, à l'exception de l'ambassadeur d'Allemagne et des commissaires impériaux allemands, ne soupçonnait qu'une des nations avait conçu et mettait à exécution un plan destiné à aboutir à l'acquisition du secret de la façon dont la terre pouvait être ébranlée et mise à exécution. la capture du découvreur. Car le *Sea Fox* , transportant le corps expéditionnaire allemand, avait quitté Amsterdam douze jours après la conférence tenue à Mayence entre le professeur von

Schwenitz et le général von Helmuth, et après avoir contourné en toute sécurité les Orcades, il était déjà en bonne voie vers le Labrador. Bennie Hooker, cependant, ignorait tout cela. Tel un immigrant avec une étiquette au bras, il était assis dans le train qui le conduisait vers Québec, son billet fiché dans le bandeau de son chapeau, rêvant d'un transformateur qui ne fondrait pas, ne pourrait pas fondre à seulement six mille degrés. .

Lorsque le professeur Hooker s'est réveillé dans sa chambre à l'hôtel de Québec le lendemain de son arrivée, il a pris tranquillement son petit-déjeuner et, après avoir fumé une pipe sur la terrasse, s'est dirigé vers les quais le long du fleuve. Ici, à son grand dégoût, il apprit que le paquebot Labrador, le *Druro* , ne appareillerait que le jeudi suivant, soit trois jours d'attente. Apparemment , le Labrador était une localité moins fréquentée qu'il ne l'avait supposé. Il maîtrisa cependant son impatience et découvrant une bibliothèque présidée par un diplômé d'Edimbourg très intelligent, il s'intéressa tellement à divers traités approfondis de physique qu'il découvrit qu'il faillit rater son bateau.

Aidé par le chef des porteurs et chancelant sous le poids de ses nouveaux étuis à cannes à pêche et autres accessoires, Bennie est monté à bord du *Druro jeudi matin, a réservé une cabine et a acheté un billet pour Sept-Îles, qui est le* port le plus proche de l'embouchure du fleuve. Rivière Moisie . C'était un grand et confortable bateau à vapeur fluvial d'environ huit cent cinquante tonnes, et son apparence démentait le fait qu'il était le lien entre la civilisation et les déserts désolés et recouverts de glace du Grand Nord, comme il l'était en fait. Le capitaine regarda Bennie avec indifférence, voire manque de respect, grogna et, montant au poste de pilotage, siffla. Le Québec, avec ses quais bondés et ses navires bondés, dominé par les falaises qui ont rendu Wolfe célèbre, a lentement pris du retard. Sous leur proue sous le vent, l'île d'Orléans se rapprochait et passait, ses fermes soignées invitant le voyageur fatigué au repos pastoral. La rivière s'est dégagée. Les rivages bas et recouverts de fermes ont commencé à disparaître. Les quelques touristes et habitants de retour s'installèrent à l'avant et se préparèrent pour leur voyage.

Il y aurait eu de quoi intéresser le voyageur américain ordinaire dans ce coin relativement peu fréquenté de son continent natal ; mais notre pêcheur de saumon, après s'être commodément débarrassé de ses bagages, se retira immédiatement dans sa cabine et, désireux de gagner du temps, se mit, totalement inconscient du *Druro* , à lire avec passion plusieurs livres extrêmement peu attrayants qu'il sortit de sa valise. Le *Druro* , tout aussi inconscient du professeur Hooker, poursuivit son chemin habituel, passa par Tadousac et fit son premier arrêt au Godbout. Bennie, ne trouvant plus le bateau en mouvement, reparut sur le pont avec l'impression erronée qu'ils étaient arrivés au terme du voyage, car il ne connaissait pas la topographie du

Saint-Laurent et avait en fait des idées très vagues sur les distances. et le temps nécessaire pour les parcourir en train ou en bateau.

Au Godbout, le *Druro* largua un habitan ou deux, quelques bateaux chargés de tiges d'acier, de caisses de vaisselle et de tabac, puis il lança son étrave dans le ruisseau et descendit la rivière, contournant longuement la pointe des Monts et serpentant derrière le courant. des Îles des Œufs jusqu'à la Pentecoute , où elle déposa d'autres habitans , dont un prêtre en soutane noire, qui, de manière quelque peu incongrue, fumait un gros cigare. Puis, traversant un banc de brouillard et ressortant enfin au soleil, elle traversa et passa devant le Carousel, ce promontoire pittoresque et rocheux, dans la baie des Sept-Îles. Ici, elle a jeté l'ancre et, après avoir déchargé sa cargaison, a pris la vapeur par la Grande Boule, où, à dix-huit milles au-delà des îles, Bennie a vu la timonerie du vieux *Saint-Olaf*, de triste souvenir, s'élever au-dessus de l'eau.

Il n'était sorti de sa cabine que lorsque le steward lui avait demandé son billet et qu'il avait appris que le *Druro* approchait de la fin de son voyage. Depuis près de deux jours, il était immergé dans Soddy sur L'Interprétation du Radium. Le *Druro* longeait une plage de sable basse à environ 800 mètres au large. Ils approchaient de l'embouchure d'une large rivière. Le volume d'eau douce noire de la Moisie s'est déversé dans le Saint-Laurent jusqu'à rencontrer l'eau de mer verte, provoquant une nette démarcation de couleur et un conflit non moins prononcé de forces naturelles. Car, en raison de la pression de la marée contre la masse solide du courant frais, des hectares d'eau bouillaient inopinément de tous côtés, projetant des geysers d'écume de vingt pieds ou plus dans les airs, puis s'apaisaient. À ce moment-là, la cloche du moteur sonna deux fois et le *Druro* s'arrêta.

Bennie, debout à l'avant, dans sa casquette de sportif et imperméable, serrant ses étuis à cannes contre sa poitrine, regardait tandis qu'une flotte hétérogène de canoës, de skiffs et de voiliers sortait en courant du rivage, car le bateau à vapeur n'accoste pas ici, mais s'y accroche. au large et allège sa cargaison à terre. En tête du peloton se trouvait une sorte de baleinière propulsée par deux rames d'un côté et une de l'autre, et dans les écoutes arrière était assis un homme aux joues roses, à l'air bon enfant et au visage rasé, qui, selon Bennie, devait être Malcolm Holliday.

"Bonjour, Cap!" cria Holliday. « Des passagers ? »

Le capitaine de la cabine de pilotage fit un signe méprisant en direction de Bennie.

"Salut!" dit Holliday. « Que veux-tu ? Que puis-je faire pour toi ?

"Je pensais essayer un peu de pêche au saumon", lui cria Bennie.

Holliday secoua la tête. "Désolé", a-t-il hurlé, " la rivière est louée. En plus, les officiers [4] sont là."

"Oh!" » répondit tristement Bennie. "Je ne savais pas. Je pensais pouvoir pêcher n'importe où."

"Eh bien, tu ne peux pas!" » lança Holliday, intrigué par l'apparence curieuse du petit homme.

"Je suppose que je peux aller à terre, n'est-ce pas ?" » insista Bennie quelque peu indigné. "Je vais juste faire un voyage de camping alors. J'aimerais voir les gros saumons se cacher aux fourches si je ne peux rien faire d'autre."

Instantanément, Holliday sentit quelque chose. "Encore un gars après l'or", murmura-t-il pour lui-même.

Juste à ce moment, la marée étant au reflux, cent acres d'eau verte au large de la proue *du Druro* se brisèrent à nouveau en vagues tourbillonnantes et en jets d'écume. Tout autour d'eux, et à un mille au large, ces joyeux hommes dansaient au rythme des partitions. Bennie était ravi de sa beauté. La baleinière contenant Holliday se trouvait désormais juste sous la proue du navire.

"De toute façon, je veux regarder autour de moi", a postulé Bennie. "Je viens de Boston." Il se sentait traité comme un criminel, sentait la suspicion dans les yeux de Holliday.

Le facteur rit. "Dans ce cas, vous méritez certainement de la sympathie." Puis il hésita. "Oh, eh bien, viens," dit-il finalement. "Nous verrons ce que nous pouvons faire pour vous."

Une échelle de corde avait été jetée par-dessus bord et l'un des marins a maintenant déposé les bagages de Bennie dans le bateau. Le professeur le suivit, évitant avec difficulté de marcher sur son imperméable tandis qu'il descendait les chemins glissants. Holliday lui saisit la main et le tira vers un siège à l'arrière.

"Oui," répéta-t-il, "si vous êtes venu de Boston , je suppose que nous devrons de toute façon vous héberger quelques jours."

Une caisse de conserves, un colis de courrier et une énorme liasse de journaux étaient déposés à l'avant. Holliday agita la main. Le *Druro* baratta l'eau et replongea au milieu du courant. Bennie la regardait avec curiosité. Au nord s'étendait une rive sablonneuse parsemée d'une forêt maigre d'épinettes naines et de bouleaux. Quelques cabanes de pêcheurs et une masse de cabanes en bois bordaient la forêt. À l'est, vers la mer, sur plusieurs kilomètres en aval de cette grande étendue de rivière dangereuse et maussade, attendait un banc gris de brouillard. Mais au-dessus de nous, l'air était cristallin, avec cet éclat étincelant et irritant que l'on ne trouve que dans les climats nordiques. La nature semblait dure, implacable. Les pieds emmêlés dans les étuis à cannes, le professeur Hooker se demanda un instant pourquoi il était là, en atterrissant sur cette côte inhospitalière. Puis ses yeux cherchèrent le visage génial de Malcolm Holliday et l'espoir renaît. Car il y a quelque chose chez ce génial pionnier qui attire à lui tous les hommes, qu'ils soient Écossais ou Anglais, Habitants canadiens ou Montagnais, et il est le roi de la côte, comme son père l'était avant lui, ou comme l'était le vieux Peter McKenzie, le facteur principal, qui a d'ailleurs lancé la meilleure mouche à saumon jamais lancée à l'est de Montréal ou au sud de l'Ungava. Bennie trouvait du réconfort dans le sourire de Holliday et éprouvait envers lui ce qu'un enfant ressent envers sa mère.

Ils s'approchèrent du rivage et coururent le long d'une jetée délabrée, escaladant les poteaux glissants sur lesquels Bennie avait pour instruction de grimper. Puis, évitant les planches pourries et les endroits dangereux, il gagna le sable de la plage et arriva enfin au Labrador. Un groupe de Montagnais récupère les bagages du professeur et, menés par Holliday, se dirigent vers la maison de ce dernier. Ce fut le débarquement étrange et amusant d'une expédition dont les résultats ont révolutionné la vie des habitants du monde entier. Aucun événement aussi discret n'a jamais eu une conclusion aussi importante. Et maintenant, lorsque Malcolm Holliday fait son voyage annuel au Québec pour se présenter à la firme Holliday Brothers, propriétaire de tous les filets à l'extrême est d'Anticosti, il passe des heures au Club des Voyageurs, racontant en détail toutes les circonstances entourant l'arrivée du professeur Hooker et comment il l'a pris pour un chasseur d'or.

« Quoi qu'il en soit, » termine-t-il, « je savais qu'il n'était pas un pêcheur de saumon malgré ses cannes et ses étuis, car il ne connaissait pas une Black Dose d'un Thunder and Lightning ou d'un Jock Scott, et il pensait qu'on pouvait attraper du saumon avec un ver!"

C'était tout à fait vrai. Bennie supposait effectivement que l'on tuait le roi du gibier car il avait attrapé des ménés dans son enfance, et ses recherches géologiques à la bibliothèque de Harvard ne lui avaient pas appris le contraire. Son tailleur non plus.

« Mon cher ami, » dit Holliday pendant qu'ils fumaient leur pipe sur l'étroite place en planches du Post, « bien sûr, je vous aiderai autant que je peux, mais vous êtes arrivé à une mauvaise saison de l'année. En premier lieu, vous serez dévoré vivant par les mouches noires, les moucherons et les moustiques. » Il gifla vigoureusement tout en parlant. « Et vous aurez un sacré boulot pour recruter des hommes de canotage. Vous voyez que tous les Montagnais sont ici à la colonie « faisant leur masse ». Une fois par an, ils quittent les terrains de chasse près de la Divide et au-delà et descendent la rivière pour « *faire la messe* » — c'est un devoir sacré pour eux . Ils sont très religieux, comme vous le savez probablement — très bien aussi, prenez- les en tout, doux, obéissants, travailleurs, polis, gais et justes à moyennement honnêtes. Ils ont beaucoup de sang français, un peu dilué, mais c'est là.

"Je ne peux pas en avoir quelques-uns pour m'accompagner ?" » demanda anxieusement Bennie.

"C'est une question", répondit le facteur d'un ton méditatif. "Vous savez comment les oiseaux, comment les caribous, migrent chaque année. Eh bien, ces Montagnais sont comme eux. Ils ont une routine régulière. Chaque homme a sa propre ligne de pièges, jusqu'aux Hauteurs de Terre. Ils remontent tous la rivière en automne avec leurs provisions d'hiver de porc, de farine, de thé, de poudre, de plomb, de haches, de limes, de colophane pour réparer leurs canots et de castoréum, fait à partir de glandes de castor, vous savez, pour chasser l'odeur. de leurs mains des pièges appâtés. Ils montent en familles, six ou sept canots ensemble, et à mesure que chacun atteint son propre territoire, son canot quitte le cortège et il dresse un camp pour sa femme et ses bébés. Puis il passe la l'hiver - six ou sept mois - dans les bois en suivant sa ligne de pièges. Peu à peu la glace disparaît et il commence à avoir envie de société. Il n'a pas vu de curé depuis une dizaine de mois et il a peur du *loup -garou* , pour autant que je sache. Alors il descend la rivière, prend sa saison à Newport ici à Moisie , et va à la messe et éloigne le *loup-garou* . Ils sont tous ici maintenant. Peut-être que vous pouvez en demander à quelques-uns de remonter la rivière, mais peut-être que non. »

Puis, observant l'expression déconfite de Bennie, il ajouta :

"Mais on verra. Peut-être que vous pourriez avoir Marc Saint-Ange et Édouard Moreau, tous deux de bons gars. Ils ont fait leur messe et ils connaissent le pays d'ici jusqu'à l'Ungava. Voilà Marc maintenant... *Venez ici* , Marc Saint-Ange. » Un Montagnais basané et souple descendait la route, et Holliday s'adressa rapidement à lui en français habituel : « Ce monsieur souhaite remonter la rivière jusqu'à la Fourche pour voir la grande cache. Veux-tu l'accompagner ? »

Les Montagnais s'inclinèrent devant le professeur Hooker et réfléchirent à la suggestion. Puis il gesticula vers le nord et il sembla à Bennie raconter une longue histoire.

Holliday rit encore. "Marc dit qu'il ira", commenta-t-il brièvement. "Mais il dit aussi que si le Grand Père des Marionnettes est en colère , il reviendra."

"Que veut-il dire par là?" demanda Bennie.

« Eh bien, quand les aurores boréales – les aurores boréales – jouent dans le ciel, les Indiens disent toujours que « les marionnettes dansent ». Il y a environ quatre semaines, nous avons eu des perturbations électriques ici et une sorte de tremblement de terre. Cela a effrayé ces Indiens. Il y avait un spectacle énorme, presque comme un volcan. Cela a battu tout ce que j'ai jamais vu, et je suis ici depuis quinze ans. " Les Indiens disaient que le Père des Marionnettes était en colère parce qu'elles ne dansaient pas assez à son goût et qu'il les faisait danser. Alors certains d'entre eux aperçurent une étoile filante, ou une comète, ou quelque chose du genre, et on l'appelait le Père des Marionnettes. Elles passaient un bon moment - tenaient des messes, etc. - et étaient vraiment découpées. Mais c'est fini maintenant, à l'exception de la représentation régulière et ordinaire.

"Quand pourront-ils être prêts ?" » demanda Bennie avec empressement.

"Demain matin", répondit Holliday. "Marc va engager son oncle. Tout va bien. Et maintenant, que diriez-vous d'une tenue ? Mais ne parlez plus de saumon. Je sais ce que vous cherchez, c'est de *l'or* !"

La lune était encore basse au-dessus des sapins à quatre heures du matin le lendemain lorsque trois ombres noires et silencieuses sortirent de la maison du facteur et se frayèrent un chemin, prudemment et avec difficulté, à travers le sable jusqu'à l'endroit où un canot avait été lancé dans le rapides de la plage. Marc arrivait le premier, portant un poêle en tôle à entonnoir pliable ; puis son oncle Edouard, portant sur ses épaules un paquet composé d'une tente et de deux sacs de farine et de porc ; et enfin le professeur Hooker avec son imperméable et son fusil, ignorant totalement que ses guides prudents avaient retiré toutes les cartouches de ses bagages de peur qu'il ne tue trop de caribous et ne gâche ainsi les réserves de nourriture de l'hiver. Il faisait froid, presque glacial. Dans le flot noir du fleuve, les étoiles brûlaient d'une lumière glaciale et vacillante. Bennie enfila son imperméable en frissonnant. Les deux guides empilèrent tranquillement les bagages au centre du canot, arrangeèrent un siège pour leur passager, récupérèrent leurs pagaies, s'éloignèrent et prirent place à l'avant et à l'arrière.

Aucune lumière ne brillait aux fenêtres de Moisie . Le clapotis des ondulations contre le flanc en bouleau du canot, le gargouillis de l'eau autour des pales de la pagaie et le mouvement de l'arc qui, après s'être arrêté lors de la retraite, bondissait en avant lors du coup, étaient les seuls sons. qui brisa le silence de mort de la nuit semi-arctique. Bennie a allumé une allumette, et elle s'est allumée en rouge sur l'eau noire alors qu'il allumait sa pipe, mais il sentait un grand mouvement dans son petit sein, un grand courage d'oser, d'agir, car il était parti, vraiment parti, sur son grand chasse, sa recherche du secret qui allait refaire le monde. Avec le courant murmurant contre ses flancs, le canot a balayé un large cercle jusqu'au milieu du courant. La lune était maintenant partiellement cachée derrière la cime des arbres. À l'est, une faible lueur rendait l'horizon plus noir que jamais. Devant eux, les vastes étendues de la sombre rivière semblaient être un gouffre engloutissant. La somnolence enveloppa le professeur Hooker, une somnolence intensifiée par le balancement rythmé des pagaies et de la pile de literie contre laquelle il s'appuyait. Il ferma les yeux, content d'être poussé vers la région de ses espoirs, content de presque s'endormir.

"Salut!" murmura soudain Marc Saint-Ange. " *Voilà ! Le père des marionnettes !* "

Bennie se réveilla en sursaut qui faillit renverser le canoë. Le sang lui montait au visage et chantait à ses oreilles.

"Où?" il pleure. "Où?"

" *Au nord* ", répondit Marc. " *Mais il descend !* "

Le professeur Hooker regarda en direction de la pagaie levée de Marc. A-t-il été trompé ? Le souhait était-il le père de la pensée ? Ou a-t-il vraiment aperçu à une distance incommensurable à l'horizon une traînée de lumière jaune orangé qui s'éteignait rapidement ? Il se frotta les yeux, son cœur battant à tout rompre sous son costume de sportif. Mais le nord était noir au-delà de l'aube naissante.

Le vieil Edouard grogna.

" *Vous êtes fou !* " murmura-t-il à son neveu, et il enfonça sa pagaie profondément dans l'eau.

Le jour s'est levé avec une accentuation saccadée. Le soleil s'est levé hors d'Europe et a brûlé le canot avec une chaleur si équatoriale que Bennie a jeté son imperméable et sa veste de sport. Tous les signes de vie humaine avaient disparu des rives lointaines de la rivière et la proue du canot faisait face à une inondation gris-bleu émergeant d'un désert d'arbres broussailleux. Quelques mouettes s'éloignaient vers la côte et, à de rares intervalles, un saumon sautait et tailladait la surface lente en un cercle bouillant ; mais pour le reste, leur environnement était aussi fixe, aussi immobile que le décor peint d'une scène, sauf là où le courant balayait les promontoires épars du rivage. Mais ils se sont déplacés progressivement vers le nord. Bennie était tellement fatigué par la lumière inhabituelle et l'air frais qu'à dix heures, il sentit que la journée devait être terminée, même si le soleil n'avait pas encore atteint son zénith. De façon inattendue, Marc et Edouard transformèrent tranquillement le canot en eau peu profonde et l'échouèrent sur une langue de sable blanc. Au bout de trois minutes , Edouard fit allumer un petit feu et tendit à Bennie une tasse de thé. Comme cela semblait merveilleux : un véritable élixir ! Et puis il sentit la piqûre d'un moustique, et levant la main, il la trouva tachée de sang. Et les mouches noires sont venues aussi. Bientôt, le professeur marchait de long en large, agitant son mouchoir et s'agrippant sauvagement à l'air. Puis ils repartirent.

Le soleil tombait vers l'ouest alors qu'ils tournaient virage après virage, révélant toujours la même vue au-delà. Les ombres des rochers et des arbres commençaient à s'avancer au-dessus des tourbillons. Un grand héron, aussi gros qu'une autruche, du moins c'est ce qu'il semblait, se leva maladroitement et s'éloigna, traînant des mètres de pattes derrière lui. Puis Bennie enfila d'abord sa veste, puis son imperméable. Il réalisa que ses mains étaient engourdies. Le soleil n'était plus qu'à environ un pied au-dessus de la ligne du ciel.

Cette fois, c'est Marc qui a grogné et a poussé le canot vers le bord de la rivière d'un coup de côté. Il s'est échoué sur une ceinture de sable et ils l'ont traîné jusqu'au rivage. Bennie, qui attendait la nuit avec une vive appréhension, découvrit maintenant, avec son grand bonheur, que le froid éloignait les mouches noires. Avec joie, il a aidé à ramasser des bâtons secs, à enfoncer des piquets de tente et à cueillir de la mousse de renne pour la literie. Puis, à la tombée de la nuit, Edouard avait des œufs au plat et du bacon, et, leurs bottes enlevées et leurs pieds chaussés trinquant au feu, les trois hommes mangèrent comme il convient à des hommes qui ont travaillé quinze heures en plein air. Ils buvaient des tasses de thé brûlant, une pinte à la fois, et trouvaient cela bon ; et ils fumèrent leur pipe, le dos appuyé contre les troncs d'arbres, et trouvèrent le paradis. Puis, tandis que les étoiles sortaient et que les bois derrière elles craquaient avec des bruits étranges, Edouard retira sa pipe de sa bouche.

"Il fait froid", dit-il. "Les marionnettes danseront ce soir."

Bennie l'entendit comme s'il traversait un grand gouffre béant. Même la lueur du feu semblait à des centaines de mètres. Le petit professeur était « à fond », et il restait assis, le menton retombé sur la poitrine, jusqu'à ce qu'il entende Marc s'exclamer :

" *Voilà ! Elles dansez !* "

Il leva les yeux. Juste de l'autre côté de la rivière noire et silencieuse, trois projecteurs prismatiques géants étaient allumés en direction de l'étoile polaire, des projecteurs que les dieux pourraient utiliser dans un jeu monstrueux. Ils vacillèrent ici et là, se déplaçant et esquivant, s'effaçèrent et se relevèrent, jusqu'à ce que Bennie, étourdi, ferme les yeux. Les lumières dansaient toujours au nord alors qu'il trébuchait vers son lit de mousse.

« *Toujour les marionnettes !* » murmura Marc doucement, comme il le ferait à un enfant. " *Bon soir , monsieur.* "

La tente était chaude et d'un blanc éclatant au-dessus de sa tête lorsque des voix basses, des pas et le cliquetis de l'étain contre le fer sortirent le professeur d'un profond coma. Les guides avaient déjà chargé le canot et l'attendaient. Le soleil était haut. En s'excusant, il enfila ses bottes et, s'avançant vers le sable, lui jeta de l'eau glacée au visage. Ses muscles gémissaient et grinçaient. Son cou refusait de répondre à ses désirs avec son élasticité habituelle. Mais il buvait son thé et avalait ses œufs brouillés avec un enthousiasme inconnu à Cambridge, dans le Massachusetts. Marc lui a donné un coup de main dans le canot et ils sont partis. La journée avait commencé.

La rivière s'est quelque peu rétrécie et les rives sont devenues plus rocheuses . A midi, ils déjeunèrent sur une autre langue de sable. Au coucher du soleil, ils aperçurent un caribou. La nuit est venue. "Toujours les marionnettes." Neuf jours se passèrent ainsi – comme un rêve pour Bennie ; et puis vint la première aventure.

Il était environ seize heures de l'après-midi du dixième jour de leur voyage sur la Moisie lorsque Marc arrêta brusquement de pagayer et regarda attentivement le rivage. Au bout d'un moment, il dit quelque chose à voix basse à Edouard, et ils tournèrent le canot et le conduisirent rapidement vers une petite crique à moitié cachée par les rochers. Bennie, tendant les yeux, ne put rien voir d'abord, mais alors que le canot n'était qu'à dix mètres du rivage, il aperçut la silhouette immobile d'un homme, couché sur le visage, la tête presque dans l'eau. Marc le retourna doucement, mais les membres tombèrent mous, une jambe formant un angle grotesque par rapport au genou. Bennie a immédiatement vu qu'il était cassé. Le visage de l'Indien était blanc et tiré, sans doute par la douleur.

" *Il est mort !* " dit Marc lentement en se signant.

Edouard haussa les épaules et alla chercher une petite fiole d'eau-de-vie dans le sac du professeur. En ouvrant les mâchoires, il versa quelques gouttes dans la bouche de l'homme. L'Indien s'étrangla et ouvrit les yeux. Édouard grogna.

" *La jeunesse pense qu'elle sais tout!* " remarqua-t-il avec mépris.

C'est ainsi qu'ils trouvèrent Nichicun , sans qui Bennie n'aurait peut-être jamais accompli l'objet de sa quête. Il fallut trois jours pour soigner les Montagnais à moitié morts et les rendre à la vie complètement affamés, mais il reçut les soins les plus tendres. Marc a abattu un jeune caribou et lui a donné du sang à boire, et a fait un ragoût pour redonner de la chair sur ses os. Pendant ce temps, le professeur dormait de longues heures sur la mousse et prenait un repos bien mérité ; et peu à peu ils apprirent de Nichicun l'histoire de son malheur, histoire qui fait partie de la chronique de l'expédition, qu'on peut lire à la Smithsonian Institution.

C'était un Montagnais, disait-il, qui possédait une ligne de casiers au nord-est des Hauteurs de Terre, et l'hiver dernier, il avait vraiment eu beaucoup de malchance. Il y en avait de moins en moins dans ses pièges et il n'avait vu aucun caribou. Il avait donc emmené sa femme, qui était malade, et était parti chercher de la nourriture dans le pays de Nascopee , et là, sa femme était morte. Il avait décidé très tard dans la saison de descendre à Moisie pour faire sa messe, trouver une nouvelle épouse et commencer une nouvelle ligne de pièges à l'automne. Tous les autres Montagnais avaient descendu la rivière en canot depuis longtemps, il était donc seul. Ses provisions étaient épuisées et il n'a vu aucun caribou. Il commença à penser qu'il allait sûrement mourir de faim. Et puis un soir, sur la pointe juste au-dessus de leur campement actuel, il avait aperçu un caribou et lui avait tiré dessus, mais il avait été trop faible pour bien viser et lui avait seulement cassé l'épaule. Il gisait parmi les rochers, se poussant par ses pattes arrière, et il avait craint qu'il ne s'échappe. Dans sa hâte d'y parvenir, il avait glissé sur un rocher mouillé, était tombé et s'était cassé la jambe. Malgré la douleur, il avait rampé, et alors s'était déroulé un combat sauvage et terrible pour la vie entre le mourant et la bête mourante.

Il ne se souvenait pas de tout ce qui s'était passé : il avait reçu des coups de pied, des encornures et des morsures ; mais finalement il avait saisi sa gorge et l'avait tranché avec son couteau. Puis, allongé sur le sol à côté d'elle, il but son sang et coupa la chair crue en lanières pour se nourrir. Finalement, un jour, il avait rampé jusqu'à la rivière pour chercher de l'eau et s'était évanoui.

Le professeur et ses guides construisirent pour l'Indien une hutte de pierres et d'écorce, et jetèrent un grand tas de mousse dans le coin pour qu'il puisse s'y allonger. Ils lui ont taillé une attelle pour la jambe, l'ont attachée et lui ont coupé un énorme tas de bois de chauffage, fumant la viande de caribou et l'ont suspendue dans la cabane. Quelqu'un remontait la rivière et le trouvait, ou sinon, les trois hommes le récupéraient à leur retour. Car c'était juste et c'était la loi des bois. Mais Nichicun n'a prononcé aucun mot particulièrement intéressant pour le professeur Bennie Hooker jusqu'à la veille de leur départ, bien que la raison et la manière de parler fussent assez naturelles. Cela s'est passé ainsi : mais il faut dire d'abord que les Nascopees sont une tribu ignorante et barbare, sale et perfide, que les Montagnais méprisent et méprisent. Ils ne portent même pas de vêtements civilisés et leurs manières de vivre ne sont pas celles des *bons sauvages* . Ils n'ont pas de prêtres ; ils ne viennent pas sur la côte ; et les Montagnais ne se mêleront pas à eux. Ainsi, Nichicun était affamé par le fait qu'il était prêt à entrer dans leur pays.

Alors qu'il était assis autour du feu avec Marc et Edouard cette nuit-là, Nichicun a parlé des Nascopees et Marc a traduit librement pour l'édification de Bennie.

Non, leur disaient les Montagnais blessés, les Nascopees n'étaient pas gentils; ils étaient sales. Ils mangeaient de la nourriture pourrie et n'allaient jamais à la messe. De plus, ils étaient idiots. Pendant qu'il était là-bas, ils envisageaient tous d'émigrer pour la raison la plus absurde – qu'en pensez-vous ? La magie! Ils prétendaient que la fin du monde approchait ! Bien sûr, cela viendrait dans un certain temps. Mais ils l'ont dit maintenant, tout de suite. Mais pourquoi? Parce que les marionnettes dansaient tellement. Et ils avaient vu le Père des Marionnettes flotter dans le ciel et faire du tonnerre ! Imbéciles ! Mais le plus étrange, c'est qu'ils disaient qu'ils ne pouvaient plus chasser, car ils avaient peur de traverser quelque chose : un serpent de fer qui pique de feu si on le touche et qui vous tue ! Quelle bêtise ! Un serpent de fer ! Mais il leur avait posé la question et ils avaient juré sur la sainte croix que c'était vrai.

Bennie écoutait avec un frisson lui parcourant le dos. Mais il ne servirait jamais à laisser entendre ce que cette révélation signifiait pour lui. Entre deux bouffées de sa pipe , il posait des questions désinvoltes et insouciantes à Nichicun . Ces Nascopees , par exemple, à quelle distance peuvent se trouver leurs terres ? Et où prétendaient-ils que se trouvait cet extraordinaire serpent de fer ? Y avait-il des rivières dans le pays Nascopee ? Des hommes blancs y sont-ils déjà allés ? Toutes ces choses que lui racontèrent les Montagnais blessés. Il apparaissait, de plus, que la rivière Rassini était près du territoire de Nascopee , et qu'elle se jetait dans la Moisie à sept milles seulement en amont du camp. Toute la nuit, les marionnettes ont dansé dans le cerveau de Bennie.

Le lendemain matin, ils calèrent Nichicun sur son lit de mousse, déposèrent un fusil et une boîte d'allumettes à côté de lui et lui dirent adieu. A l'embouchure de la rivière Rassini , le professeur Bennie Hooker leva la main et annonça qu'il se rendait au pays des Nascopee . Le canot s'arrêta brusquement. Le vieil Edouard déclara qu'ils n'avaient été engagés que pour aller à la grande cache, et que leur voyage actuel n'était qu'une petite excursion pour voir la rivière. Ils n'avaient ni provisions pour un tel voyage, ni quantité de munitions suffisante. Non, ils déposeraient le professeur sur le banc de sable le plus proche s'il le souhaitait, mais ils repartiraient.

Bennie se leva en chancelant dans le canoë et fouilla dans sa poche, sortant un rouleau de pièces d'or. Il leur promit deux cent cinquante dollars s'ils voulaient l'emmener à la tribu de Nascopees la plus proche ; cinq cents s'ils parvenaient à trouver le Serpent de Fer.

" *Bien !* " s'exclamèrent les deux Indiens sans un instant d'hésitation, et le canot s'élança sur le Rassini .

Une fois de plus une succession onirique de journées brillantes et glaciales ; encore une fois le ciel étoilé dans lequel dansaient toujours les marionnettes. Et puis enfin les grandes chutes du Rassini , au-delà desquelles aucun homme blanc n'était allé. Ils cachèrent le canot dans les buissons et placèrent dessous le poêle en fer et la moitié de leur réserve de nourriture. Puis ils s'enfoncèrent dans les broussailles, vers l'est. Bennie n'avait jamais connu un travail aussi épuisant et une fatigue aussi déchirante ; et les nuées de mouches les poursuivaient avec venin et persistance. Au début, ils durent se frayer un chemin à travers des hectares de broussailles, puis le terrain s'élevait et ils virent devant eux des kilomètres de marécages et de terres arides parsemées d'arbres nains et de rochers cultivés en lichens. Ici, c'était plus facile et ils ont gagné du temps ; mais les jambes du professeur lui faisaient mal et son fusil portait une ecchymose rouge sur l'épaule. Et puis, après cinq jours de tourments, ils arrivèrent au Rail de Fer. Il suivait une ligne presque directe du nord-ouest au sud-ouest, avec à peine une ondulation, droit au-dessus des landes et à travers les forêts de broussailles, avec une clairière de cinq pieds de chaque côté. Par intervalles, il était élevé à une hauteur de huit ou dix pouces sur des supports en fer isolés. Marc et Edouard les regardaient avec émerveillement tandis que Bennie leur faisait un petit discours.

Il s'agissait, dit-il, d'une chose appelée « monorail », fabriquée par un homme qui possédait d'étranges secrets concernant la terre et les propriétés de la matière. Cet homme vivait sur les hauteurs de Terre, en direction de l'Ungava. C'était un homme bon et il ne ferait pas de mal à d'autres hommes bons. Mais c'était un grand magicien – si l'on croyait à la magie. Sur le rail, il faisait sans aucun doute fonctionner ce qu'on appelle un moteur gyroscopique et transportait ses provisions et ses machines dans la nature. Les Nascopees n'étaient pas si stupides après tout, car voici ce qu'ils craignaient de traverser : le serpent de fer qui mordait et tuait. Laissez-les regarder pendant qu'il le faisait mordre. Il laissa son fusil tomber contre le rail, et instantanément une pluie d'étincelles bleues en jaillit alors que le courant sautait dans la terre.

Bennie compta vingt-cinq aigles royaux et les remit à Edouard. S'ils suivaient le rail jusqu'à sa source, il leur rendrait autant, promit-il, à leur retour à la civilisation. Sans plus attendre, les Indiens levèrent leurs sacs et se dirigèrent vers le nord-ouest le long de la voie ferrée. Selon eux, le titre du professeur Bennie Hooker avait augmenté. Ils continuèrent à labourer les landes, les marécages, les fondrières tremblantes, les zones de broussailles où les branches courtes leur giflaient le visage, mais ils gardaient toujours en vue le rail.

L'annonce extraordinaire, relayée par diverses agences de presse européennes, selon laquelle une tentative aurait été faite par le général commandant la première division d'artillerie de l'armée allemande de la Meuse de violer l'armistice, avait provoqué une profonde sensation, d'autant plus que la tentative de destruction de Paris n'avait été empêché que par l'apparition soudaine du même mystérieux anneau volant qui avait causé peu auparavant la destruction des montagnes de l'Atlas et l'inondation du désert du Sahara par la mer Méditerranée.

L'avènement de l'Anneau Volant à cette deuxième occasion avait été remarqué par plusieurs centaines de milliers de personnes, soldats et non-combattants. Vers minuit, comme pour observer si les nations en guerre avaient sincèrement l'intention de respecter leur accord et de provoquer une cessation effective des hostilités, l'Anneau était apparu du nord et, flottant dans le ciel, avait suivi le mouvement de l'anneau. lignes des belligérants de Bruxelles à Verdun et vers le sud. La lumière jaune aveuglante qu'elle avait projetée vers la terre avait réveillé les soldats endormis dans leurs retranchements et provoqué une grande consternation tout le long de la ligne de fortifications, car il était universellement supposé que le directeur de sa fuite avait l'intention d'anéantir les armées combinées de France. Angleterre, Allemagne et Belgique. Mais l'Anneau avait navigué paisiblement, à trois mille pieds d'altitude, inondant les campagnes de sa lumière éblouissante, envoyant ses rayons dans les casemates des immenses forteresses du Rhin et dans la ligne extérieure des fortifications françaises, fouillant les redoutes et les tranchées, mais ne faire aucun mal aux armées endormies qui se trouvent en dessous ; jusqu'à ce qu'enfin le silence de la nuit ait été brisé par le tonnerre de « Thanatos », et qu'en un clin d'œil le Rayon Lavande soit descendu, pour transformer le village de Champaubert en le cratère fumant d'un volcan mourant. Toute la division d'artillerie avait été anéantie, à l'exception de quelques retardataires, et du Relay Gun il ne restait plus qu'une flaque déformée d'acier et de fer.

Bien avant que la nouvelle de l'horrible châtiment infligé par le maître de l'Anneau à Treitschke, le major général de l'artillerie et l'inventeur Von Heckmann , n'atteigne les États-Unis, Bill Hood, assis dans la station de réception sans fil de la Marine Observatoire de Georgetown, avait reçu par voie hertzienne un message de son mystérieux correspondant dans le nord qui l'envoyait se précipiter à la Maison Blanche. Pax avait appelé l'Observatoire naval et lui avait transmis l'ultimatum suivant, en le répétant, comme à son habitude, trois fois :

" *Au Président des États-Unis et à toute l'humanité :*

"J'ai mis les nations à l'épreuve et je les ai trouvées déficientes. Le traité solennel conclu par les ambassadeurs des nations belligérantes à Washington a été violé. Ma tentative par des moyens inoffensifs pour contraindre à la cessation des hostilités et à l'abolition de la guerre a échoué. " Je ne peux pas faire confiance aux nations de la terre. Leur égoïsme, leur soif de sang et leur cupidité les empêcheront inévitablement de respecter leurs accords avec moi ou de respecter les termes de leurs traités entre eux, qu'ils considèrent, comme ils le déclarent eux-mêmes, comme de simples 'des bouts de papier.' Le moment est venu pour moi d'imposer la paix. Je suis le dictateur du destin humain et ma volonté est la loi. La guerre cessera. Le 10 septembre, je déplacerai l'axe de la terre jusqu'à ce que le pôle Nord soit dans la région. de Strasbourg et du pôle Sud en Nouvelle-Zélande. La zone habitable de la terre sera désormais l'Afrique du Sud, l'Amérique du Sud et l'Amérique centrale, ainsi que des régions aujourd'hui peu fréquentées par l'homme. Les nations doivent migrer et une nouvelle vie dans laquelle la guerre est inconnue doit commencer sur le globe. Ceci est mon dernier message à la race humaine.

PAX."

La conférence des ambassadeurs convoquée par le président à la Maison Blanche dans l'après-midi présentait un caractère en contraste frappant avec la première, au cours de laquelle Von Koenitz et les ambassadeurs de France, de Russie et d'Angleterre avaient eu leur désaccord mémorable. C'était un groupe de messieurs sérieux, inquiets et discrets qui se sont rassemblés autour de la grande table en acajou de la salle du Cabinet pour débattre de la ligne d'action que les nations devraient suivre pour éviter la calamité imminente pour l'humanité. Car Pax pouvait déplacer l'axe de la Terre, ou faire exploser le globe hors de son orbite dans l'espace, s'il choisissait de le faire, personne n'en doutait plus.

Et d'abord il incombait à l'ambassadeur représentant les commissaires impériaux allemands d'assurer à ses distingués collègues que sa nation désavouait et niait toute responsabilité dans la conduite du général Treitschke en bombardant Paris après l'heure fixée pour l'armistice. Il était injuste et contraire aux préceptes de la raison, affirmait-il, de tenir le gouvernement d'une nation comprenant soixante-cinq millions d'êtres humains et cinq millions d'hommes armés pour responsable des actions d'un seul individu. Il s'exprima avec passion, éloquence, persuasion et, à la fin de son discours, les ambassadeurs présents furent forcés de reconnaître que ce qu'il disait était vrai et d'accepter sans réserve ses assurances plausibles selon lesquelles les commissaires impériaux allemands n'avaient d'autre idée que de coopérer avec le gouvernement. d'autres gouvernements pour parvenir à une paix durable telle que Pax l'exigeait.

Mais la question immédiate était : le moment n'était-il pas révolu ? N'était-il pas trop tard pour convaincre le maître du Flying Ring que ses ordres seraient obéis ? Pouvait-on faire quelque chose pour éviter la calamité qu'il menaçait de provoquer sur la terre – pour empêcher la conversion de l'Europe en un désert aride de champs de glace ? Car Pax avait annoncé qu'il avait parlé pour la dernière fois et que le sort de l'Europe était scellé. Tous les ambassadeurs s'accordèrent sur le fait qu'une immigration européenne générale était pratiquement impossible ; et en dernier recours, il fut finalement décidé de transmettre à Pax, par l'intermédiaire de la station de Georgetown, un message sans fil signé par tous les ambassadeurs des nations belligérantes, s'engageant solennellement, dans un délai d'une semaine, à dissoudre leurs armées et à détruire toutes leurs munitions et instruments de guerre. guerre. Ce message a été remis à Hood, avec des instructions pour sa livraison immédiate. Tout cet après-midi et toute cette soirée, l'opérateur resta assis à l'observatoire, appelant encore et encore les trois lettres qui marquaient la seule communication de l'humanité avec le maître de son destin :

"PAX—PAX—PAX!"

Mais aucune réponse n'est venue. Hood attendit pendant de longues et fatigantes heures, les oreilles collées aux récepteurs. Un silence impénétrable entourait le maître du Ring. Pax avait parlé. Il n'en dirait pas plus. Tard dans la nuit, Hood retourna à contrecœur à la Maison Blanche et informa le président qu'il était incapable de transmettre le message des nations.

Et pendant ce temps, le professeur Bennie Hooker, avec Marc et Edouard, parcouraient péniblement les étendues sauvages du Labrador, en suivant le rail de fer qui menait à la cachette du maître du monde.

Le sort terrible du corps expéditionnaire allemand est trop connu pour nécessiter des commentaires. Comme on l'a déjà dit, le *Sea Fox* avait appareillé d'Amsterdam douze jours après la conférence au War Office à Mayence entre le général von Helmuth et le professeur von Schwenitz . Une fois au nord des Orcades, il avait rencontré du beau temps et avait atteint Hamilton Inlet en dix jours sans incident, avec des hommes et des animaux dans les meilleures conditions. A Rigolet, les hommes avaient débarqué et chargé leurs obusiers, leurs mulets et leurs provisions sur les barges à fond plat amenées avec eux à cet effet. Trente guides français et indiens avaient été engagés, et cinq jours plus tard l'expédition, remorquée par les puissantes vedettes à moteur, avait commencé à remonter la rivière vers la chaîne de lacs située au nord-ouest en direction de l'Ungava. Tout le monde était de bonne humeur et tout bougeait avec la précision allemande habituelle, comme sur des roulettes. Rien n'a été oublié, pas même l'invention piquante d'un chimiste berlinois pour décourager les moustiques. Sans travail , sans inquiétude, les quatorze barges s'enfoncèrent dans les courants rapides et atteignirent enfin un grand lac qui s'étendait comme un miroir d'argent à des kilomètres autour d'elles. La lune se levait et donnait aux bateaux des formes étranges alors qu'ils sillonnaient les brumes grises – un spectacle étrange et terrible pour les Nascopees qui se cachaient dans les sous-bois le long du rivage. Et tandis que les hommes fumaient et chantaient « Die Wacht am Rhein », écoutant le trille des ondulations contre la proue, le premier bateau à moteur s'est échoué.

L'élan de la barge qui la suivait immédiatement n'a pas pu être contrôlé et elle s'est à son tour enfoncée dans ce qui semblait être un banc de boue. À peu près au même instant, les autres barges touchèrent le fond. Une excitation et une confusion intenses régnaient parmi les membres de l'expédition, car ils étaient presque hors de vue de la terre et le tirant d'eau des canots à moteur n'était que de dix-neuf pouces. Mais aucun effort n'a pu déplacer les barges d'où elles se trouvaient. Toute la nuit, les hélices ont fait mousser l'eau luisante du lac, mais sans résultat. Chaque barge et chaque bateau s'échouaient durement et rapidement, et lorsque la lumière grise du jour traversait le lac, il n'y avait aucun lac en vue, seulement un marais puant, couvert sur des kilomètres d'un mélange de bave verte et de matières végétales en décomposition à travers lesquelles il semblerait qu'aucun être humain ou animal ne puisse patauger. À perte de vue, il n'y avait qu'une vase noirâtre. Et avec le soleil arrivaient des millions de moustiques et de mouches, qui rendaient les hommes et les mules affolés par leurs piqûres.

Un seul homme, Ludwig Helmer, un armurier de Potsdam, a survécu. À moitié fou des mouches et presque nu, il parvint tant bien que mal à traverser la tourbière tremblante, après que tous ses camarades fussent morts de soif, et atteignit une tribu de Nascopees , qui l'emmena jusqu'à la côte. Une grande explosion, lui dirent-ils, avait déchiré la rivière Nascopee sortit de son lit et détourna sa route. Les lacs qu'il alimentait étaient tous asséchés.

Aveuglés par la transpiration, étouffants sous le lourd fardeau de leur tenue, poussés presque jusqu'à la frénésie par les mouches noires et les moustiques, Hooker, Marc et Edouard chancelaient dans les broussailles, suivant le monorail. Ils avaient déjà atteint le sommet du Height of Land et descendaient désormais le versant nord en direction de l'Ungava. La terre était stérile au-delà de l'imagination de Bennie, sans imagination. De petits arbres nains luttaient pour prendre pied au milieu des affleurements couverts de lichens et de la mousse séchée au soleil des creux. La moindre élévation montrait des kilomètres et des kilomètres de grands déserts ondulant interminablement dans toutes les directions. La chaleur qui brillait sur les rochers était presque suffocante. Le 10 septembre , à midi , ils se jetèrent à l'ombre d'une corniche étroite, firent bouillir du thé et fumèrent leur pipe, attisant sauvagement l'air pour chasser les nuées d'insectes qui les attaquaient.

Hooker était à moitié ivre par manque de sommeil et d'eau. Déjà une ou deux fois, il s'était surpris à errer en discutant avec Marc et Edouard. Tout cela ressemblait à un cauchemar horrible et dégoûtant. Et puis il se rendit soudain compte que les deux Indiens regardaient attentivement à travers les nuages de moustiques au-dessus de la cime des arbres, vers l'est. A travers la sueur qui coulait dans ses yeux, il essayait de distinguer ce qu'ils voyaient. Mais il ne pouvait rien discerner à part les moustiques. Et puis il crut voir un moustique plus gros que tous les autres. Il lui fit signe de la main, mais il resta là où il était. Une légère brise repoussa momentanément l'essaim, et il voyait toujours le gros moustique planer au-dessus de l'horizon. Puis il entendit Marc crier :

" *Quelqu'un a choisi vol en l'air !* "

Il essuya l'humidité de ses yeux et regarda le moustique, qui grandissait à chaque minute. Avec la vitesse d'un projectile, cet insecte monstrueux, ou quoi que ce soit, est venu derrière eux depuis les hauteurs de la Terre, s'élevant jusqu'au zénith dans une grande parabole, jusqu'à ce qu'avec un frisson d'excitation Bennie reconnaisse qu'il s'agissait de l'Anneau Volant. .

"C'est lui", bavarda-t-il avec insistance, bien que de manière agrammaticale.

Marc et Edouard hochèrent la tête.

« *Oui , oui !* » criaient-ils à l'unisson. " *C'est celui que vous cherchez !* "

" *Il retourne chez lui* ", dit Marc.

Et puis Bennie, sans donner aucune explication, se retrouva à danser sur les rochers sous un soleil vertigineux, agitant son chapeau et criant au Père des Marionnettes. Ce qu'il a crié, il ne l'a jamais su. Et Marc et Edouard criaient aussi. Mais le maître de l'Anneau ne les entendait pas, ou s'il les entendait, il n'y prêtait aucune attention. Le Ring se rapprochait de plus en plus, jusqu'à ce que Bennie puisse voir le cylindre brillant de son grand cercle d'acier. À une distance d'environ deux milles , il a balayé les airs au-dessus d'une crête basse et s'est posé vers la terre en direction de l'Ungava.

"Il ne fait peut-être que dix milles", annonça Marc avec assurance. " *Un petit bout de chemin. Nous y arrivons ce soir.* "

Ils se débattirent à côté du Rail, mais maintenant l'espoir était grand. Bennie chantait et sifflait, sans se soucier des moustiques et des mouches noires qui renouvelaient leurs attaques avec une férocité incessante. Le soleil s'abaissa dans les pins, projetant des flèches éblouissantes à travers les branches basses, puis s'enfonça dans un tourbillon de lumière jaune cramoisi. Le ciel est devenu gris à l'est ; de faibles étoiles scintillaient à travers les vagues frémissantes qui tremblaient encore des rochers surchauffés. Il faisait froid et les moustiques sont partis. En serrant le Râle, ils titubèrent, tantôt au-dessus d'une fondrière tremblante, tantôt à travers des fourrés de broussailles enchevêtrées, tantôt sur de grandes corniches de roches stériles, puis à travers des landes à caribous jusqu'aux genoux dans une mousse sèche et crépitante. La nuit tomba et la prudence leur dicta de dresser le camp. Mais dans leur enthousiasme , ils continuèrent leur chemin, jusqu'à ce qu'une pâle lueur derrière les arbres nains indiquât que la lune se levait. Ils faisaient bouillir l'eau, préparaient du thé et préparaient des biscuits. Bientôt, ils purent poursuivre leur chemin.

"'La plupart y sont maintenant", a encouragé Marc.

Bientôt, au lieu de descendre, ils découvrirent que la terre s'élevait à nouveau et, se frayant un chemin à travers les sous-bois, ils escaladèrent péniblement une colline rocheuse, haute d'environ trois cents pieds. Marc était en tête, avec Bennie à quelques mètres derrière lui. Alors qu'ils atteignaient la crête, l'Indien se tourna et désigna quelque chose devant lui que Bennie était incapable de distinguer.

" *Nous sommes arrivent* ", a-t-il annoncé.

Le cœur battant à cause de l'effort de l'ascension, Bennie a rampé à côté de son guide et s'est retrouvé confronté à un solide enchevêtrement de barbelés fixés à des poteaux de fer fermement ancrés dans les rochers. Ils se trouvaient au sommet d'une crête qui descendait brusquement à leurs pieds dans une vallée d'environ un mille de largeur, se terminant de l'autre côté par des falaises perpendiculaires, estimées par Bennie à environ huit cents ou mille pieds de hauteur. Même si l'enchevêtrement n'était en aucun cas infranchissable, il s'agissait d'un obstacle distinct qu'ils préféraient affronter de jour. De plus, cela indiquait que leur entreprise n'était pas souhaitée. Ils étaient en présence d'une quantité inconnue, le maître du Flying Ring. S'il était d'une influence maligne ou bienveillante, ce Père des Marionnettes, ils ne savaient pas le dire.

Le dos appuyé contre un petit épicéa, Bennie concentrait ses lunettes sur des formes sombres à peine discernables au milieu de la vallée. Il était parcouru d'une excitation profonde, d'une peur étrange. Que verrait-il ? Quels mystères ces formes vagues révéleraient-elles ? Les ombres projetées par les falaises et une légère brume s'accumulant dans les basses terres rendaient la vision difficile ; et puis, alors même qu'il regardait, la lune s'est levée plus haut et a brillé à travers quelque chose au milieu de la vallée qui ressemblait à un grand et macabre squelette. Il semblait avoir des jambes et des bras, une étrange tête en forme de champignon et des côtes interminables. Au-dessous et à ses pieds se trouvaient d'autres formes plus vagues — des dômes ou des coupoles plats, peut-être des bâtiments à l'épreuve des bombes, des bâtiments quelconques — la demeure de Pax, au-delà du hasard.

En regardant à travers ses lunettes la tour en forme de squelette, Bennie eut le sentiment extraordinaire d'avoir déjà tout vu quelque part. Comme dans un rêve oublié depuis longtemps, il se souvenait de la tour Tesla près de Smithtown, à Long Island. Et c'était la tour de Tesla, rien d'autre ! Il est étrange de voir comment, lors des grandes crises de notre vie, surgissent des sentiments de connaissance anticipée. Il n'y a en effet rien de nouveau sous le soleil ; Autrement, Bennie aurait eu plus peur. Dans l'état actuel des choses, il n'a vu que la tour Smithtown de Tesla avec sa tête semblable à un jeune champignon. Et en même temps, un éclair lui revint à la mémoire : « Childe Harold est venu à la Tour Sombre ». Il le répétait machinalement , sentant qu'il pouvait être un de ceux que le poète avait chanté. Pourtant, il n'avait pas lu les lignes depuis des années :

Brûlant, cela m'est venu d'un seul coup : C'était l' endroit idéal !... Qu'y avait-il au milieu sinon la Tour elle-même ?

Ses yeux scrutaient les ombres autour de la base de la tour, car ses oreilles avaient déjà capté un léger battement presque inaudible qui semblait croître d'instant en instant. Il y avait certainement une vibration sourde dans l'air, une vibration semblable au bourdonnement lointain d'une machinerie. Soudain, le vieux Edouard toucha l'épaule de Bennie.

" *Regardez !* " murmura-t-il.

Une certaine transformation se produisait dans le capot de la tour. D'un objet noir opaque , il commença à virer au rouge terne et à diffuser une lueur tamisée, tandis que le bourdonnement se transformait en un vrombissement distinct.

Bennie est devenu presque hystérique d'excitation.

Bientôt, le capuchon de la tour était devenu blanc et la lueur avait augmenté jusqu'à ce que toute la vallée soit éclairée d'une lumière diffuse et douce. L'Anneau pouvait être distinctement vu à environ 800 mètres de distance, reposant sur un énorme support circulaire.

" *C'est le feu !* " grogna Marc. " *C'est ainsi que l'on fait danser les marionnettes !* "

Il ne faisait aucun doute que le capuchon de la tour était en fait chauffé à blanc, car les falaises perpendiculaires de la montagne traversant la vallée reflétaient avec netteté la lumière qu'elle diffusait. Le vrombissement du grand alternateur s'est progressivement transformé en un cri semblable au cri d'une chose en colère. Et puis, de manière inattendue, un rayon de lumière lavande pâle jaillit du capuchon lumineux et se perdit dans l'obscurité du ciel de minuit. Alors apparut un spectacle merveilleux et magnifique : immédiatement au-dessus du point où les rayons disparaissaient dans l'éther, des centaines de points de feu jaune surgirent soudain dans le ciel, se précipitant ici et là comme des lucioles, certaines se déplaçant lentement et d'autres avec une telle vitesse qu'elles apparaissaient. comme des lignes régulières et lumineuses.

" *Les marionnettes ! Les marionnettes !* " s'écria Marc en tremblant.

"Pas du tout ! Pas du tout ! Ce sont des météorites !" répondit Bennie, entièrement absorbé par la phase scientifique de l'affaire et oubliant qu'il ne parlait pas la langue de l'autre. "L'espace est rempli de poussière météorique. Les particules plus grosses, qui frappent notre atmosphère et qui s'enflamment par friction, forment des étoiles filantes. Le Rayon - le Rayon Lavande - s'étendant jusqu'aux régions les plus lointaines de l'espace, les rencontre en nombre incalculable et se désintègre. eux, les entourant d'atmosphères lumineuses. Par George, cependant, s'il commence à jouer du Rayon sur cette falaise, nous devons nous tenir debout ! Regardez ici, les garçons, " cria-t-il, " mettez quelque chose dans vos oreilles. Il saisit son mouchoir, le déchira et, faisant deux bouchons, les enfonça dans les oreilles jusqu'aux tambours. Les autres, émerveillés, suivirent son exemple.

"Il va faire trembler la terre !" s'écria Bennie Hooker. "Il va encore faire trembler la terre !"

Lentement, le rayon lavande se balança dans l'éther, suivi de ses millions de météorites, plongeant vers le côté nord de la vallée et s'enfonçant de plus en plus bas vers la falaise. Bennie se jeta à plat ventre sur la crête, les mains collées à ses oreilles, et les autres, sentant qu'il allait se passer quelque chose de terrible, suivirent son exemple. De plus en plus près de la crête tombait le Ray. Bennie retint son souffle. Un autre instant, et il y eut un éclat aveuglant de lumière jaune, un fracas semblable à celui du tonnerre et un rugissement qui sembla arracher la montagne de sa base. La terre trembla. Au zénith jaillit une flamme de vapeur incandescente d'un mille de hauteur. Le tumulte s'intensifia. Des éclairs d'un bleu vif jaillirent de l'endroit sur lequel le Ray jouait. L'air était rempli de tonnerres , et le sol sous eux montait, descendait et se balançait d'un côté à l'autre. Puis vint un vent violent, voire un cyclone, et des graviers et des branches brisées tombèrent sur eux, et des nuages de poussière suffocants remplissaient leurs yeux et fermaient de temps en temps ce qui se passait dans la vallée. La face de la falaise brillait comme l'intérieur d'une fournaise, et le souffle jaune flamboyant d'hélium brillant jaillit au-dessus de leurs têtes et s'envola dans l'espace, rendant le ciel nocturne aussi clair que le jour.

Pendant un instant, ils restèrent tous stupéfaits et aveugles. Puis la décharge parut diminuer tant en volume qu'en intensité. L'air s'éclaircit un peu et le sol ne trembla plus. L'éclat de flammes s'est lentement calmé, comme une fontaine qu'on éteint progressivement. Soit l'homme du Ring n'allait pas faire trembler la terre, soit il avait perdu le contrôle de sa machinerie.

Quelque chose n'allait clairement pas. Des pluies d'étincelles tombaient du capot et, parfois, d'énormes masses rougeoyantes de métal en fusion en tombaient. Et maintenant, le Rayon Lavande commença lentement à dévaler la face de la falaise ; et le souffle jaune de l'hélium s'estompa progressivement jusqu'à devenir à peine visible. Le rugissement de l'alternateur s'est calmé, d'abord en un bourdonnement puis en un ronronnement.

"Quelque chose est cassé", pensa Bennie, "et il l'a éteint."

Le Rayon avait maintenant atteint le bas de la falaise et balayait le sol en direction de la base de la tour, son chemin étant marqué par un petit volcan voyageant qui projetait sa fumée et sa vapeur haut dans les airs. Il était évident pour Bennie que le capot de la tour se retournait lentement et que le Rayon, désormais en voie de disparition rapide, allait bientôt jouer sur sa base et sur la coupole adjacente dans laquelle le maître de l'Anneau tentait probablement de contrôler sa machinerie récalcitrante.

Et puis Bennie a perdu connaissance.

Un peu de pluie. Il se réveilla et se retrouva allongé près de la clôture de barbelés, dans la lumière grisonnante de l'aube. Ses muscles étaient raides et endoloris, mais il éprouvait une étrange sensation d'exaltation. Une brume traversait la vallée et enveloppait la scène de la débâcle de la nuit. À travers les rafales de pluie, il pouvait voir, toujours debout, l'épave de la tour, avec un fragment d'inducteur fondu pendant de son sommet – et très loin du Ring. La base de la tour et ses environs se perdaient dans la brume. Il se mit à genoux et chercha autour de lui Marc et Edouard, mais ils avaient disparu. Ses jumelles étaient posées à côté de lui, il les ramassa et se releva. Comme le robuste Cortés, silencieux sur son sommet du Darien, il contemplait le Pacifique de ses rêves. Car l'Anneau était toujours là ! Pax pouvait être anéanti, ses machines détruites, mais le secret restait – et c'était le sien, celui de Bennie Hooker, d'Appian Way, Cambridge, Massachusetts ! Dans son enthousiasme, en franchissant la clôture, il déchira un trou irrégulier dans ce qui restait de son costume de sport, mais un instant plus tard, il dévalait la crête dans le ravin.

Il ne trouva pas tâche facile de descendre la paroi déchiquetée de la falaise, mais vingt minutes de travail acharné le conduisirent dans la vallée et à moins de mille mètres des restes austères de la tour. Entre l'endroit où il se trouvait et la dévastation causée par l'explosion culminante de la nuit précédente, la surface de la terre présentait les corniches habituelles de roches stériles, les sapins épars et les étendues de mousse avec lesquelles il était devenu si familier. Derrière lui, le monorail, jaillissant dans l'espace du sommet de la colline, se terminait par l'épave pendante d'un tréteau qui, de toute évidence, s'était terminé dans une gare aujourd'hui disparue, près de la tour. De son point d'observation, peu de résultats du bouleversement étaient perceptibles, à l'exception des débris , qui formaient une pellicule de roche brisée et de gravier sur la surface du sol, mais alors qu'il courait vers la tour, les dégâts causés par le rayon se sont rapidement transformés en apparent.

A deux cents mètres de la base, il s'arrêta, stupéfait. Pourquoi quelque chose de la tour restait-il était un mystère, explicable uniquement en raison du caractère squelettique de sa construction. Tout autour, la surface avait été déchirée comme par un tremblement de terre, et à l'exception d'un fragment de dôme ou d'une bombe, toute trace de bâtiments avait disparu. Un lac scintillant de plomb fondu lépreux gisait au centre du cratère, étrangement irisé. Un large chemin de destruction, d'une cinquantaine de mètres de large, menait du lieu de la perturbation au précipice contre lequel le Rayon avait joué. La face de la falaise elle-même semblait recouverte d'une couche ou d'une poudre blanche qui lui donnait un éclat fantomatique. De plus, la pluie s'était transformée en neige et déjà tout l'aspect de la vallée avait changé.

Bennie se tenait étonné au bord de cet enfer. Il était froid, affamé, horrifié. Comme un éclair dans une casserole, le mécanisme qui avait ébranlé la terre et disloqué son axe avait explosé ; et il ne restait plus rien à raconter, car son inventeur s'était envolé avec elle dans l'éternité. À ses pieds, un être humain conscient, à peine douze heures auparavant, avait pu, grâce à son cerveau prodigieux, générer et contrôler une force capable de détruire la planète elle-même, et maintenant... ! Il était parti! Tout était parti ! À moins que quelque part à proximité planait au milieu des flocons de neige tourbillonnants ce qui pourrait être son âme. Mais Pax n'enverrait plus de messages ! Le voyage de Bennie n'avait servi à rien. Il était arrivé trop tard pour en parler avec son collègue scientifique et discuter de ces petites améliorations apportées à la théorie d'Hiroshito . Pax était mort !

Il s'assit avec lassitude, remarquant pour la première fois que ses oreilles lui faisaient mal. Dans sa dépression et son enthousiasme, il avait totalement oublié l'Anneau. Il se demandait comment il allait pouvoir retourner à Cambridge. Et puis, alors qu'il levait la main pour régler son Glengarry , il vit qu'il l'attendait, indemne. Loin à l'ouest, il reposait confortablement dans son gigantesque nid de poutres transversales, comme la tête d'un colossal mandarin chinois décapité. Avec un cri involontaire, il se mit à courir dans la vallée, sans se soucier de ses pas. De plus en plus près se dressait le chevalet en acier sur lequel reposait le moteur géant. Haletant, il trébucha aveuglément, se souvenant uniquement du fait capital que le secret de Pax n'était pas perdu.

À cinquante pieds au-dessus du sol, appuyée sur un tréteau cylindrique de poutres d'acier, reposait la carrosserie de la voiture, construite de plaques d'aluminium en forme d'anneau d'ancrage d'environ soixante-quinze pieds de diamètre, tandis que sur la structure circulaire de l'anneau lui-même s'élevait une tour à charpente semblable à un trépied, portant à son sommet un énorme dispositif métallique en forme de dé à coudre, dont l'embouchure ouverte pointait vers le bas à travers le centre ouvert de la machine. Évidemment , il doit s'agir du tracteur ou du moteur radiant. Là aussi, balancés loin du côté de l'anneau sur une structure en acier, se trouvaient l'inducteur thermique qui avait joué le rayon désintégrant sur les montagnes de l'Atlas et le grand canon de Von Heckmann . Toute cette affaire ne ressemblait à rien de ce qu'il avait jamais conçu, ni dans l'air, ni sur la terre, ni dans les eaux souterraines, invention bizarre d'un esprit surhumain. Elle semblait aussi fermement ancrée et immobile que la Tour Eiffel, et pourtant Bennie savait que la chose pouvait s'élever dans les airs et s'envoler comme une boule de chardon devant une brise. Il savait que c'était possible, car il l'avait vu de ses propres yeux.

Quelques pas encore l'amenèrent au centre du cercle de poutres d'acier qui soutenaient l'embarcadère. Ici, la surface de la terre à ses pieds avait été complètement dénudée et la roche sous-jacente avait été exposée, évidemment par une action artificielle, au souffle descendant du gaz du tracteur. Même le rocher lui-même avait été brûlé par la décharge ; de petits sillons usés comme par un torrent de montagne rayonnant dans toutes les directions à partir du point central. Plus que tout, cela rappelait à Bennie la surface d'une météorite, polie et marquée par sa course dans l'atmosphère. Il s'arrêta, rempli d'une sorte de respect. Le moteur le plus merveilleux de tous les temps attendait son inspection. Le grand secret n'appartenait qu'à lui. L'inventeur et ses associés avaient disparu en un éclair, et l'Anneau Volant lui appartenait de plein droit. Au cœur de la nature sauvage du Labrador, le professeur Benjamin Hooker de Cambridge, Massachusetts, a poussé un cri d'exultation, a jeté son manteau et a gravi l'échelle en acier menant à l'embarcadère.

Il était arrivé à mi-chemin lorsqu'une voix résonna parmi les poutres. Un visage rouge le regardait par-dessus le bord de la plate-forme.

"Bonjour!" dit le visage. "Je vais bien, je suppose."

Bennie s'agrippa fermement à l'échelle, raidi par la peur. Il songea d'abord à sauter, changea d'avis et, fermant les yeux, continua machinalement à gravir l'échelle.

Puis une main l'attrapa sous le bras et le souleva jusqu'au sol plat de la plate-forme. Il se redressa et ouvrit les yeux. Devant lui se tenait un homme en salopette bleue, sous le front duquel le soleil du Labrador brûlait d'un rouge vif une paire d'yeux bleus qui regardaient vaguement. L'homme semblait attendre que le visiteur fasse le prochain pas. "Bonjour", dit Bennie, cherchant à gagner du temps. " Eh bien " - il hésita - " où étais-tu quand c'est arrivé ? "

L'homme le regarda bêtement. "Quoi?" marmonna-t-il. "Je... je ne me souviens pas. Vous voyez... j'étais dans... la salle du condenseur en train d'accumuler la charge... pour demain... je veux dire aujourd'hui... soixante mille volts aux bornes, et le fluide s'éclaircissait. Je suppose que j'ai regardé par la fenêtre une minute pour voir les feux d'artifice et puis, d'une manière ou d'une autre, j'étais sur la plate-forme. Il se protégea les yeux et regarda la vallée vers la tour à moitié détruite et détruite. "Le vent et la fumée !" il murmura. « Le vent et la fumée – et la poussière dans mes yeux – et maintenant tout est parti en enfer ! Mais je suppose que tout va bien maintenant, si tu veux voler. Il toucha automatiquement sa casquette. " Nous pouvons commencer quand vous serez prêt, monsieur. Vous voyez, je pensais que vous étiez parti aussi ! Cela aurait été un désastre ! Je suis sûr que vous pouvez gérer l'équilibreur sans Perkins. Pauvre vieux Perk ! Et Hoskins – et les autres. . Tous disparus, par Dieu ! Tous anéantis ! Seuls vous et moi sommes partis, monsieur ! Il rit hystériquement.

"Des chauves-souris dans son beffroi !" pensa Bennie. "Quelque chose l'a frappé !"

Peu à peu, il se rendit compte que la créature à moitié abasourdie pensait que lui, Bennie Hooker, était Pax, le Maître du Monde !

Il prit l'individu par le bras. "Entrez," dit-il. Un plan s'était déjà formulé dans son cerveau. Même tel qu'il l'était, l'homme pourrait peut-être s'acquitter de ses tâches habituelles de gestion de l'Anneau. Ce n'était pas impossible. Il avait entendu parler de telles choses, et la pensée des longues marches à travers les landes gelées et de la périlleuse traversée en canoë le long de la côte, contrastées avec une course rapide pendant une heure ou deux dans l'air ensoleillé, donna au professeur le courage qui ne pourrait pas le faire. lui auraient servi autrement. Au sommet d'une petite échelle, une trappe s'ouvrait vers l'intérieur, et Bennie se retrouva dans un petit compartiment à peine assez grand pour se retourner, d'où une seconde porte s'ouvrait sur le corps de l'Anneau proprement dit.

"Tout va bien aujourd'hui", dit l'homme avec hésitation. « J'ai réparé... le sas... hier, monsieur. La fuite... était ici... au niveau de la charnière... mais elle est assez étanche... maintenant. Il montra la porte.

"Bien", remarqua Bennie. "Je vais regarder autour de moi et voir comment les choses se passent."

Cela lui semblait tout à fait sûr – et permettait de mettre en œuvre un programme d'enquête absolument essentiel pour le moment. Une fois qu'il maîtrisera le secret de l'Anneau et sera sûr que la partie du cerveau de l'individu qui contrôlait l'accomplissement de ses tâches habituelles n'a pas été blessée par le choc de la nuit précédente, il sera peut-être possible de réaliser le projet audacieux qui s'était suggéré.

Passant la porte intérieure du sas, il entra dans la salle des cartes du Ring, suivi en trébuchant par son compagnon. Il faisait chaud et confortable ; la première chaleur que Hooker avait connue depuis près d'un mois. Il se sentit mal et il se laissa tomber dans un fauteuil et ôta son Glengarry. Le survivant de l'explosion, debout maladroitement à ses côtés, fouillait avec sa casquette. De temps en temps, il se frottait la tête.

Bennie se laissa tomber sur les coussins et regarda autour de lui. Sur le mur opposé était accrochée une carte du monde selon la projection de Mercator, et depuis un point du nord du Labrador, des lignes rouges rayonnaient dans toutes les directions, formant de grandes boucles courbes, revenant au point de départ.

"Les vols du Ring", pensa Bennie. "Voilà celui où ils ont brisé les montagnes de l'Atlas", suivant des yeux le fil cramoisi qui traversait en diagonale l'Atlantique, traversait l'Espagne et la Méditerranée, et tournait en boucle étroite au-dessus des côtes de l'Afrique du Nord et reprenait sa trace originale. . Des visions lui sont venues de guider la voiture pour une escapade l'après-midi à travers le Sahara, les sombres forêts du Congo, dans l'Antarctique, et de là chez lui à temps pour le thé de l'après-midi, via les îles de Pâques, Hawaï et l'Alaska. Mais pourquoi s'arrêter là ? Qu'est-ce qui aurait pu empêcher un voyage sur la lune ? Ou Mars ? Ou d'ailleurs dans les royaumes inconnus en dehors du système solaire – la quatrième dimension, peut-être – ou même la cinquième dimension…

"Excusez-moi", dit soudain le machiniste, "j'ai juste oublié - si vous preniez - des cigares ou des cigarettes. Vous voyez, je n'ai agi comme - ordonnance de table - qu'une seule fois - lorsque Smith a eu cette entorse. " Ses mains bougeaient avec incertitude sur les étagères, au-delà de la carte. Le cœur du professeur Hooker fit un bond.

« Des cigares ! il a presque crié.

L'homme a trouvé une boîte de Havanes et a allumé une allumette.

Quel bonheur ! Et s'il y avait du tabac, il devait y avoir aussi de la nourriture et des boissons. Il commença à se sentir étrangement exalté. Mais comment gérer l'homme à ses côtés ? Pax ne poserait certainement jamais les questions qu'il souhaitait poser. Il fumait rapidement, en réfléchissant beaucoup. Bien sûr, il pouvait prétendre que lui aussi avait oublié des choses. Et au début, cela semblait être la seule issue à la difficulté. Puis il a eu une inspiration.

"Regardez ici", remarqua-t-il assez sévèrement. "Quelque chose vous est arrivé. Vous dites que vous avez oublié ce qui s'est passé hier ? Comment puis-je le savoir mais vous avez oublié tout ce que vous saviez ? Vous vous souvenez de votre nom ?"

« Mon nom, monsieur ? L'homme rit bêtement. "Eh bien, bien sûr, je me souviens de mon nom. Je n'oublierais probablement pas cela : Atterbury, je suis Atterbury, électricien de la *Chimère* ." Et il se redressa.

"Tout va bien", dit Bennie, "mais que faisions-nous hier ? Quelle est la dernière chose à laquelle vous puissiez revenir ?"

L'homme fronça le front. "La dernière chose ? Eh bien, monsieur, vous nous avez dit que vous alliez... retourner un peu le pôle et geler l'Europe. J'étais là-haut, en train de charger le condenseur, quand vous m'avez coupé de l'alternateur. J'ai ouvert le " J'ai allumé l'électromètre pour voir si nous en avions assez. Ensuite, tout s'est brouillé et je suis allé à la fenêtre pour voir ce qui se passait. "

"Oui", commenta Bennie avec approbation, "tout va bien jusqu'à présent. Que s'est-il passé ensuite ?"

" Eh bien, après cela, monsieur, après cela, il y a eu le Ray bien sûr, et euh... je ne me souviens pas... oh, oui, un court-circuit... et j'ai couru... sur le quai... j'ai tout oublié du danger ! Après cela, tout est confus. C'est comme un rêve. Votre montée, l'échelle, a semblé me réveiller. Le machiniste sourit timidement.

Le plan fonctionnait bien. Le professeur Hooker apprenait les choses rapidement.

"Pensez-vous que nous pouvons à nouveau faire voler le *Chimaera* vers le sud tous les deux ?" » demanda-t-il en inspectant la carte.

"Pourquoi pas?" répondit Atterbury. « L'équilibreur fonctionne – mieux maintenant – et – ne demande pas – beaucoup d'attention – et vous pouvez établir le cap – et gérer – l'atterrissage. J'allais mettre un nouveau cylindre d'uranium dans le tracteur ce matin – mais je... oublié."

"Et voilà, j'oublie encore !" grogna Bennie, réalisant que sa seule excuse pour poser des questions tenait à cette fiction. Et il devait se poser bien d'autres questions avant de pouvoir voler. "Vous ne semblez pas tout à fait bien dans votre coco ce matin, Atterbury", dit-il. "Je pense que nous allons examiner un peu les choses, le condenseur d'abord."

"Très bien, monsieur." Atterbury se retourna et passa à tâtons une porte, et ils passèrent d'abord dans ce qui semblait être une salle de stockage de batteries. D'énormes réservoirs de verre remplis de fluide de couleur ambrée , dans lesquels étaient supportées de nombreuses plaques parallèles, bordaient les murs du sol au plafond.

Un ampèremètre accroché au mur a attiré l'attention de Bennie. "Ampèremètre AC à lecture directe Weston", lut-il sur le cadran. Courant alternatif! Que faisaient-ils avec le courant alternatif dans la salle des accumulateurs ? Ses yeux suivirent les fils le long du mur. Oui, ils ont couru jusqu'aux bornes de la batterie. Il s'est rendu compte qu'il pourrait y avoir ici quelque chose d'inimaginable dans l'électrotechnique : une batterie d'accumulateurs pour le courant alternatif !

L'électricien ferma une rangée d'interrupteurs, approcha les deux sphères en laiton poli du déchargeur, et instantanément un courant d'étincelles aveuglant rugit entre les bornes. Il avait raison. Cette batterie était non seulement chargée par un courant alternatif, mais délivrait également un potentiel élevé. Il scruta les cellules, se creusant la tête pour trouver une explication.

"Atterbury", dit-il d'un ton méditatif, "vous ai-je déjà dit pourquoi ils font cela ?"

"Oui", répondit l'homme. "Vous me l'avez dit une fois. Les deux métaux dans l'électrolyte descendent sur les plaques dans des films alternés à mesure que le courant change de direction. Mais vous ne m'avez jamais dit ce qu'était l'électrolyte, je ne suppose pas. — vous… seriez prêt à le faire maintenant, n'est-ce pas ?

"Hmm," dit Bennie, "un jour, peut-être."

Mais ce signal était tout ce dont il avait besoin. Un stratagème astucieux ! Pax avait formé des couches d'épaisseur moléculaire de deux métaux différents en alternance par le va-et-vient de son courant de charge. Lorsque la batterie se déchargeait, les métaux entraient en solution, chaque plaque devenant alternativement positive et négative. Il se demandait quel électrolyte Pax avait utilisé pour lui permettre d'obtenir un dépôt métallique à chaque électrode. Et il se demandait aussi pourquoi les métaux ne s'alliaient pas. Mais il ne convenait pas qu'il s'attarde trop longtemps sur un simple détail d'équipement. Et il se détourna pour continuer sa tournée d'inspection, tournée qui occupa la majeure partie de la matinée, et pendant laquelle il trouva une galerie bien garnie et se prépara une tasse de café. [5]

Mais plus il en apprenait sur le mécanisme de l'Anneau, plus ses craintes grandissaient à l'idée d'entreprendre le voyage de retour seul avec Atterbury dans les airs. S'ils devaient partir, le démarrage devait être effectué dans quelques jours, car le condenseur ne tenait sa charge que pendant un temps relativement court, et son énergie était nécessaire au démarrage de l'Anneau. Lorsqu'il était fraîchement chargé, il fournissait du courant à l'inducteur thermique pendant près de trois minutes, mais les films métalliques, déposés sur les plaques, se dissolvaient lentement dans le fluide, et après trois ou quatre jours, il n'en restait plus que suffisamment pour un fonctionnement de trente secondes, à peine assez. pour soulever l'Anneau de la terre. Une fois dans les airs, le souffle descendant du tracteur faisait fonctionner un alternateur à turbine monté sur un squelette au centre de l'Anneau, et le courant fourni par cette machine permettait à l'Anneau de poursuivre son vol indéfiniment, ou jusqu'à ce que le cylindre d'uranium soit détruit. complètement désintégré.

Pourtant, revenir sur la route par laquelle il était venu semblait tout aussi impossible. Il y avait peu de chances que les deux Indiens reviennent ; ils avaient probablement déjà parcouru trente milles sur le chemin du retour vers la côte. Si seulement il pouvait prévenir Thornton ou certains de ces types à Washington , ils pourraient envoyer une expédition de secours ! Mais il faudrait des semaines à un navire pour atteindre la côte, et comment pourrait-il vivre en attendant ? Il n'y avait des provisions que pour quelques jours dans le Ring, et l'entrepôt de la vallée avait disparu. Seul un avion pourrait faire l'affaire. Et puis il pensa à Burke, son camarade de classe – Burke qui avait consacré sa vie aux machines plus lourdes que l'air et qui, depuis sa mémorable traversée de l'Atlantique à bord du *Stormy Petrol* , était un héros national. Burke pourrait le rejoindre en dix heures, mais comment pourrait- *il* atteindre Burke ? Au cœur des étendues sauvages et gelées du Labrador, il pourrait tout aussi bien se trouver sur une autre planète, en ce qui concerne la communication avec le monde civilisé.

Un éclat de soleil traversa la fenêtre et forma une tache ovale sur le sol à ses pieds. Le temps s'éclaircissait. Il sortit sur l'estrade. Des pans de ciel bleu apparurent au-dessus de nous. Alors qu'il regardait avec tristesse la vallée en direction de la tour, son œil aperçut l'éclat de quelque chose de haut dans les airs. Du haut de l'épave, cinq fines lignes brillantes couraient parallèlement dans le ciel et disparaissaient dans un petit nuage qui pendait bas au-dessus de la falaise.

"Les antennes !" s'exclama Bennie. "Une radio pour Burke." Burke viendrait ; il connaissait Burke. Mille kilomètres par voie terrestre ne représentaient rien pour lui. N'avait-il pas parié cinq mille dollars au club qu'il volerait jusqu'au poteau et rapporterait le drapeau de Peary – sans preneur ? Eh bien, Burke le ramènerait chez lui avec aussi peu de problèmes qu'un taxi. Et puis, consterné, il se souvint de la destruction totale de la vallée. L'usine sans fil avait disparu avec le reste. Il retourna en courant dans la salle des cartes et appela Atterbury.

"Pouvons-nous envoyer un message à Washington ?" il a ordonné. "Les fils sont toujours en place et nous avons le condensateur."

« Nous pourrions le faire, monsieur, si ce n'est pas le cas… c'est long, même si vous avez toujours dit qu'il y avait un danger à faire tourner le moteur avec la voiture boulonnée. Nous l'avons fait la fois où la grosse machine a grillé

une bobine. Je peux lancer… un fil – au-dessus des antennes avec une fusée
– et rejoindre – la machine à turbine. Cela augmentera – notre longueur
d'onde, mais ils devraient nous capter.

"Nous allons essayer de toute façon", annonça Bennie.

Il a inspecté la carte et mesuré la distance dans une compagnie aérienne
depuis Boston jusqu'au point de convergence des lignes rouges. C'était un
peu moins que la distance entre Boston et Chicago. Burke l'avait fait en neuf
heures lors du voyage d'essai de son monoplan transatlantique. Si la machine
était en ordre et que Burke partait le matin , il serait avec eux au coucher du
soleil, s'il ne se perdait pas. Mais Bennie savait que Burke pouvait conduire
sa machine à l'estime et frapper à quelques lieues d'une cible située à des
milliers de kilomètres.

Un rugissement sourd à l'extérieur interrompit ses réflexions, et courant de
nouveau sur la plate-forme, il trouva Atterbury attachant le cordon du ruban
d'aluminium, que la fusée avait porté le long des antennes , à l'une des brosses
de l'alternateur.

"Presque prêt, monsieur", dit-il. « Nous ferions mieux de verrouiller les
boulons anti-tempête pour la maintenir au sol, au cas où nous le devions, de
mettre le courant en marche. Nous devons utiliser, presque à pleine hauteur,
pour faire monter l'alternateur à la vitesse appropriée. ".

Un frisson parcourut la colonne vertébrale de Bennie. Ils allaient démarrer le
moteur ! Dans un instant, il se trouverait à vingt pieds d'une explosion de
produits de désintégration capable de soulever la machine entière dans les
airs, et elle devait être démarrée sous son commandement, après avoir
travaillé et bricolé pendant deux ans avec un inducteur thermique de la taille
d'un dé à coudre ! Il ressentait ce qu'il ressentait avant de plonger en hauteur,
ou ce qu'il imaginait qu'un soldat ressentait lorsqu'il était sur le point d'être
sous le feu pour la première fois. Comment cela se passerait-il ? Prenait-il
trop de responsabilités et Atterbury comptait-il sur lui pour la gestion des
détails ? Il se sentit singulièrement impuissant alors qu'il rentrait dans la salle
des cartes pour composer son message.

Il alluma la lampe électrique qui pendait au-dessus du bureau, car dans le
crépuscule qui s'approchait rapidement, l'intérieur du Ring était dans
l'obscurité presque totale. Comment doit être lu son message ? Il doit être
bref : il doit raconter l'histoire et, surtout, il doit être convaincant.

Il a été rejoint par l'électricien.

"Je pense que nous sommes tous prêts maintenant", balbutia ce dernier. «
Qu'allez-vous envoyer, monsieur ?

Bennie lui tendit un morceau de papier jaune et Atterbury mit une paire de lunettes ambrées foncées pour protéger ses yeux de la lumière de l'étincelle.

" *Thornton, Observatoire naval, Washington* :

"Bloqué cinquante-quatre trente-huit nord, soixante-quatorze dix-huit ouest. Prenez la machine Ring. Demandez à Burke de venir immédiatement. La vie et la mort comptent.

" B. HOOKER ."

Atterbury a lu le message puis a regardé Hooker d'un air vide.

"Je ne comprends pas", dit-il.

"Peu importe, envoie-le. Je t'expliquerai plus tard." Ensemble, ils entrèrent dans la salle du condenseur.

Atterbury poussa mécaniquement les billes de laiton en contact, poussa un faisceau de fils de fer à mi-chemin dans le noyau d'une grande bobine et ferma un interrupteur. Un bourdonnement remplit l'air et quelques secondes plus tard, une lueur de lumière jaune entra par la fenêtre. Un cône de vapeur lumineuse jaillissait du tracteur vers le bas à travers le centre du Ring. Au début, il était doux et nébuleux, mais il augmenta rapidement en éclat, et un rugissement sourd, comme celui d'une cascade, s'ajouta au bourdonnement du courant alternatif dans les fils. Et maintenant un troisième son parvint à ses oreilles, le son de la turbine, faible au début, mais s'élevant peu à peu comme le cri d'une sirène, et le plancher du Ring sous ses pieds palpitait de la vibration.

Bennie a oublié le dynamomètre, oublié son message à Burke, était seulement conscient qu'il avait réveillé un volcan endormi. Puis vint le craquement des étincelles, et la pièce parut remplie de l'éclat de l'éclair bleu, car Atterbury, le téléphone aux oreilles, regardant à travers ses lunettes jaunes, envoyait l'appel pour l'Observatoire naval.

"NAA-NAA-P-A-X."

À maintes reprises, il envoya l'appel, tandis qu'entre-temps, le condensateur se chargeait à cause du débordement de courant provenant du turbogénérateur. Puis l'électricien a ouvert un interrupteur et le rugissement à l'extérieur a diminué et a finalement cessé.

"Nous ne pouvons pas écouter, avec le tracteur en marche", s'est-il inquiété. "L'électricité statique provenant de la décharge briserait notre détecteur en morceaux." Il jeta l'instrument de réception. Pendant quelques instants, les téléphones ne parlèrent que des murmures de l'aurore arctique, puis soudain le faible cri de l' étincelle qui répondait se fit entendre. Bennie observait les mots tandis que le crayon de l'électricien griffonnait sur le papier.

"Je t'attends. Pourquoi n'envoies-tu pas ? NAA"

"Ils ont dû nous appeler avant, alors que la décharge était en train de s'épuiser", marmonna Atterbury. "Je pense que nous pouvons envoyer – avec le condenseur – maintenant."

Il ramassa le morceau de papier jaune, le relut et lança dans l'espace le message qu'il ne comprit pas.

"OK, attends. Thornton," répondit-il.

Deux heures plus tard, un deuxième message est arrivé :

"P—A—X. Burke part à l'aube. Il s'attend à vous atteindre vers neuf heures du soir. Il vous demande de montrer un grand feu de balise si possible.

"THORNTON, NAA"

"Hourra!" s'écria Bennie. " Tant mieux pour Burke ! Atterbury, nous sommes sauvés... sauvés, entendez-vous ! Couchez-vous maintenant et ne posez pas de questions. Et dites, avant de partir, voyez si vous pouvez me trouver un verre de cognac. "

Il fut décidé que Burke devait atterrir sur le plateau au-dessus de la falaise, et c'est ici que le matériel nécessaire au feu fut collecté. Il y en avait peu et il était difficile de transporter le pétrole sur le sentier escarpé. Parfois, Bennie était presque désespéré.

"Il ne brûlera pas avant une demi-heure", dit-il en examinant le tas. "Et nous devrions pouvoir continuer toute la nuit. Il y a plein de trucs dans la vallée, mais nous ne pouvons pas le laisser descendre là-bas, avec la tour, les antennes et tout le reste du désordre."

"Nous pourrions lui montrer le grand Ray", osa Atterbury. "La chose... peut être pointée vers le haut... et je peux... faire tourner la turbine. Vous pouvez allumer... le feu... dès que vous... entendez ses moteurs... et je l'éteindrai... dès que je vois votre feu."

"Bonne idée!" » acquiesça Bennie. "Seulement, ne courez pas continuellement. Montrez le Rayon pendant une minute tous les quarts d'heure, et ne démarrez en aucun cas après avoir vu le feu. S'il pensait que le faisceau vertical était un projecteur et qu'il le traversait——" Bennie frissonna à l'idée de Burke conduisant son avion à travers le Rayon qui avait brisé les montagnes de l'Atlas.

C'est ainsi que cela a été arrangé. Une demi-heure après le coucher du soleil, Atterbury s'enferma dans le Ring, et tandis que Bennie gravissait le sentier menant à son poste sur le plateau, il entendit le grincement du grand inducteur qui tournait lentement sur ses tourillons .

Il faisait nuit noire lorsqu'il atteignit le pitoyable petit tas de broussailles qu'ils avaient ramassé, et il versa un peu d'huile dessus et s'assit, tirant une couverture autour de ses épaules. Il se sentait très seul. Supposons que l'inducteur ne fonctionne pas ? Et si Atterbury retournait le Ray contre lui ? Supposons... Mais ses réflexions furent brisées par un bruit venant de la vallée, un bruit semblable à celui d'une vapeur qui s'échappait, et un instant plus tard, le Rayon Lavande s'élança vers le zénith. Bennie était allongé sur le dos et l'observait, se souvenant de l'avant-dernière nuit où il avait regardé le Ray depuis la tour descendre sur la falaise. Il se demanda s'il devait voir des météorites s'allumer sur son passage, mais rien n'apparut et le Rayon s'éteignit, laissant tout à nouveau dans l'obscurité. Quinze minutes passèrent et à nouveau le faisceau fantomatique s'éleva dans le ciel nocturne. Bennie regarda sa montre. Il était presque huit heures et demie. Le froid le rendait somnolent. Il a tiré la couverture autour de lui....

Deux heures plus tard, au cours de ses demi-rêves, il capta le faible son qu'il avait écouté. Au début, il n'en était pas sûr. Il pourrait s'agir de la turbine-alternateur de l'Anneau fonctionnant par sa propre inertie pendant un certain temps après la fin de la décharge. Mais non, le bruit devenait momentanément plus fort et semblait venir de très haut dans les airs. Tantôt il s'éteignait, tantôt il gonflait de volume, puis s'éteignait de nouveau. Mais à chaque récidive, le bruit était plus fort qu'auparavant. Il n'y avait plus aucun doute. Burke arrivait ! Il était temps de commencer le tas de broussailles. Il allumait allumette après allumette, seulement pour que le vent les éteigne. Pourtant, à chaque instant, l'engin en l'air se rapprochait, le rugissement de ses deux moteurs battant le silence de la nuit du Labrador. Désespéré, Bennie se jeta à plat ventre près du tas de broussailles et fit une tente avec la couverture, sous laquelle il réussit enfin à allumer un incendie parmi les brindilles imbibées d'huile. Puis il poussa le fût à moitié vide dans le feu, se leva et regarda le ciel.

La machine se trouvait quelque part directement au-dessus de lui – juste là où il ne pouvait pas le dire. Bientôt, les moteurs s'arrêtèrent. Il criait faiblement, courait de haut en bas, les yeux tournés vers le ciel, et manquait plusieurs fois de tomber dans le feu. Il se demandait pourquoi cela n'apparaissait pas. Cela semblait des heures depuis que les moteurs s'étaient arrêtés ! Puis, de manière inattendue, sur le fond noir du ciel, apparurent les grandes ailes de l'engin, éclairées sur leur face inférieure par la lueur du feu. Silencieusement, il pivota sur sa spirale descendante, pour être instantanément englouti à nouveau dans l'obscurité, réapparaissant un instant plus tard dans la direction opposée, cette fois plus bas et se dirigeant droit vers lui. Il sauta précipitamment sur le côté et tomba à plat. L'engin s'est échoué, s'est relevé une ou deux fois en roulant sur le sol et s'est arrêté à vingt mètres du feu. Un homme en descendit, ôta lentement ses lunettes et se secoua. Bennie se leva précipitamment et courut en agitant son chapeau.

"Eh bien, Hooker!" remarqua l'homme. "Qu'est - ce que tu fous *ici* ? Tu as sûrement un projecteur !"

La façon dont Hooker et Burke, sous la direction d'Atterbury, qui a progressivement retrouvé son état mental normal, ont exploré et cartographié la vallée de l'Anneau ne fait strictement pas partie de ce récit qui traite uniquement de la fin de la guerre sur Terre. Mais le lendemain, après plusieurs heures de fouilles parmi les débris de la fonderie où Pax avait extrait son uranium du mélange de brai extrait de la falaise, ils découvrirent huit cylindres de métal précieux pesant environ cent livres chacun - le combustible du Anneau volant. Maintenant, ils étaient en sécurité. Bien plus encore : l'espace universel leur appartenait.

Curieux de savoir pourquoi Pax s'était isolé dans ce désert gelé, ils examinèrent ensuite les hautes falaises qui fermaient la vallée à l'ouest et contre les parois presque perpendiculaires dont il avait joué le Rayon Lavande. Ces falaises se sont avérées, comme Bennie l'avait déjà soupçonné, être un gigantesque affleurement de pechblende ou d'oxyde noir d'uranium. Il estimait que la nature avait stocké plus d'uranium dans une seule des culées de cette falaise que dans toutes les mines connues du monde entier. Cette montagne radioactive était le point d'appui par lequel cet Archimède moderne avait déplacé la terre. La grande quantité de matière désintégrée par le Rayon et projetée dans l'espace avec une vitesse mille fois supérieure à celle du souffle d'un canon de siège produisit une contre-pression ou un recul contre la face de la falaise, qui devint ainsi la « butée » du Rayon. force qui avait ralenti la période de rotation de la Terre.

Le jour du départ s'est levé sous un soleil de plomb. Depuis l'embarcadère du Ring, Bennie pouvait voir s'étendre à l'est, à l'ouest et au sud les plaines interminables, parsemées de sapins, qui avaient formé la barrière naturelle à la précédente découverte du secret de Pax. Au-dessus de lui, le dôme du ciel s'étendait sur l'horizon comme une énorme coquille – une coquille dont, avec frisson, il réalisa qu'il pouvait se briser et s'échapper, comme un jeune prêt pour son premier vol. Et pourtant, dans ce moment de triomphe, le petit Bennie Hooker a ressenti le scrupule qui doit inévitablement venir à ceux qui prennent leur vie en main. Une heure et il serait soit planant comme Phébus vers le sud, soit étendu écrasé et mutilé dans une masse d'épaves enchevêtrées. Même ici, dans ce désert désolé, la vie semblait douce, et il avait tellement, tellement de choses à faire. N'était-ce pas, après tout, une folie d'essayer de ramener ce mécanisme complexe à la civilisation ? Pourtant, quelque chose lui disait que s'il ne mettait pas son destin à l'épreuve maintenant, il ne reviendrait jamais. Il avait la plus grande confiance en Burke – il ne pourrait peut-être plus jamais s'assurer ses services – non, c'était maintenant ou jamais. Il entra dans le sas, ferma et verrouilla la porte, et entra dans la salle des cartes.

En tout cas, pensa-t-il, leur situation n'était pas pire que celle de Pax lors de son premier vol d'essai, et ils travaillaient avec une machine éprouvée, réglée au maximum de son efficacité et qui possédait apparemment une stabilité automatique. Atterbury s'était rendu dans la salle des condenseurs et attendait l'ordre de démarrage, tandis que Burke effectuait le réglage final des gyroscopes qui mettraient l'Anneau sur sa trajectoire prédéterminée. Il franchit la porte et rejoignit Bennie.

"Hooker," dit-il, "nous allons certainement avoir une certaine expérience. Si je peux l'empêcher de se retourner, je pense que je peux la gérer. Les problèmes viendront lorsque nous inclinerons le tracteur. Je ne sais pas comment beaucoup dépend de la valve atmosphérique, et dans une certaine mesure de moi. Les choses peuvent arriver rapidement. Si nous nous retournons, nous sommes foutus.

Il tendit la main à Bennie, qui la serra en tremblant.

"Eh bien", remarqua l'aviateur en jetant sa cigarette, "autant mourir maintenant que n'importe quand!"

Il se dirigea rapidement vers le tube parlant qui communiquait avec la salle du condenseur et souffla brusquement dedans.

"Laisse-la partir, *Gallagher* !" il dirigea.

"Mon Dieu!" » s'écria Bennie. "Attends une seconde, n'est-ce pas ?"

Mais c'était trop tard. Il attrapa le rail en tremblant. Un bourdonnement emplit l'air et les gyroscopes commencèrent lentement à tourner. Il leva les yeux par la fenêtre vers le tracteur d'où jaillissaient des traînées de vapeur pâle avec un bruit comme de la vapeur qui s'échappe. D'une manière ou d'une autre, il semblait vivant.

L'Anneau palpitait comme s'il était lui aussi imprégné de vie. La décharge du tracteur s'était transformée en un rugissement sourd. Tout tremblant, Bennie se dirigea vers la fenêtre intérieure et regarda l'espace intérieur du Ring. Jusqu'à présent, la lueur jaune de la décharge était à peine visible, mais les parois en acier de l'Anneau dansaient et frémissaient, ondulant en vagues, et, à mesure que l'intensité de l'explosion augmentait et que la turbine commençait à tourner, tout à l'extérieur devenait soudainement flou et indistinct. .

Se mettant à genoux, Bennie regarda à travers la fenêtre d'observation située au sol. Un nuage aveuglant de poussière jaune s'éloignait de la base de l'embarcadère sous la forme d'un anneau gigantesque. La terre à leurs pieds était cachée dans des tourbillons de vapeur ; et des ondulations de lumière et d'ombre se poursuivaient dans toutes les directions, comme des ombres au fond d'un étang sablonneux ondulé par une brise. Regarder là-bas lui donnait le vertige et il se leva par la fenêtre. Burke se tenait sinistrement aux commandes, sans se soucier de son associé. Bennie passa de l'autre côté et, alors qu'il passait devant les gyroscopes, l'air des disques qui tournaient rapidement lui renvoya les cheveux. Il ne pouvait rien voir à travers le tumulte qui rugissait au centre du Ring, comme un Niagara de vapeur chaude traversé d'une lumière phosphorescente jaune pâle . Le sol tremblait sous ses pieds, et des craquements et des claquements inquiétants se répercutaient à travers la coque extérieure, tandis que les poutres en acier de l'embarcadère étaient progressivement soulagées de leur poids. Alors qu'il lui semblait que tout allait s'effondrer, soudain le silence se fit, à l'exception du ronronnement des machines, et Bennie sentit ses genoux s'enfoncer sous lui.

"Étaient hors!" s'écria Burke. "Attention!"

Le sol se balançait tandis que le Ring, soulevé par le tracteur, se balançait d'avant en arrière comme un pendule. Bennie se jeta à plat ventre. La terre s'éloignait d'eux comme une pierre. Il ressentit une sensation nauséabonde.

"Deux mille pieds déjà", haleta Burke. "La valve atmosphérique est réglée sur cinq mille. J'en mettrai dix ! Cela nous donnera plus d'espace pour récupérer, si quelque chose ne va pas !"

Il donna encore un demi-tour au bouton et posa légèrement la main sur le levier qui commandait les mouvements du tracteur. Bennie, aplati contre la fenêtre, regardait en bas. Le grand anneau de poussière apparaissait indistinctement à travers une brume bleue, non plus juste en dessous d'eux, mais à un quart de mille au nord. De toute évidence, ils ne s'élevaient pas verticalement.

La vallée du Ring ressemblait à une fissure noire dans un désert gris verdâtre de roches et de mousse, l'embarcadère ressemblait à un petit nid d'oiseau. Le plancher de la voiture bougeait légèrement d'un côté à l'autre. Le visage de Burke était devenu gris et il s'accroupit, chancelant, une main agrippant un support en acier fixé au mur.

"Mon Seigneur!" marmonna-t-il avec les lèvres sèches. "Mon Seigneur!"

Bennie, s'attendant momentanément à l'anéantissement, rampa à quatre pattes aux côtés de Burke.

L'aiguille du manomètre indiquait neuf mille cinq cents pieds et approchait rapidement de la division suivante. Soudain, Burke sentit le levier bouger lentement sous sa main, comme s'il était actionné par une intelligence extérieure, et au même moment l'axe d'un gyroscope oscillait lentement dans un plan horizontal selon un angle de près de quatre-vingt-dix degrés, tandis que celui de l'autre s'inclinait légèrement de l'autre côté. la verticale. Les deux hommes eurent l'horrible impression que le fantôme de Pax était revenu et avait pris le contrôle de la voiture. Bennie fit pivoter la carte sous le gyroscope jusqu'à ce que la fine ligne noire sur le cadran recouvre à nouveau leur destination. Puis il retourna à sa fenêtre. La terre, loin en dessous et vaguement visible, glissait lentement vers le nord, et l'anneau de poussière qui marquait leur point de départ se trouvait maintenant comme une ellipse aplatie sur l'horizon lointain. Sous et derrière eux, dans leur vol, traînait une fine traînée de brouillard bleuâtre pâle – le sillage de l'Anneau Volant.

Ils brûlaient maintenant l'atmosphère à une hauteur de près de trois kilomètres, et la voiture volait sur une quille ferme et régulière. Il n'y avait aucun bruit hormis le rugissement sourd du tracteur et un léger bourdonnement provenant de la vibration des câbles d'acier légers. Bennie n'éprouvait plus aucune sensation désagréable. Un étrange détachement le possédait. Des forêts sombres, des lacs et une puissante rivière apparurent au sud – la Moisie – et ils la suivirent comme un faucon aurait pu le faire, jusqu'à ce que le désert se détache devant eux et qu'ils voient le large tronçon du Saint-Laurent strié de fumée. de paquebots.

Et puis, pour la première fois, il perdit le contrôle de lui-même et sanglota comme une femme – non pas de peur, ni de lassitude, ni d'excitation, mais de joie – la joie du vrai scientifique qui a cherché la vérité et l'a trouvée, y est parvenu pour la première fois. l'humanité qui, sans lui, lui aurait manqué, peut-être pour toujours. Et il leva les yeux vers Burke et sourit.

Ce dernier hocha la tête.

"Oui," remarqua-t-il prosaïquement, "c'est sûr que ça va un peu ! Tant mieux !"

ÉPILOGUE

Pendant ce temps, au cours des semaines pendant lesquelles Hooker s'était engagé à découvrir la vallée du Ring, des choses incroyables s'étaient produites dans la politique mondiale. Bien que Pax, après avoir décrété le déplacement du pôle et la transformation de l'Europe centrale en zone arctique, ait refusé toute communication future avec l'humanité, toutes les nations - et aucune avec plus de zèle que la République allemande - s'étaient immédiatement mises en route. retirer leurs armées à l'intérieur de leurs propres frontières, et sous la surveillance personnelle d'une commission générale pour détruire tous leurs armements et munitions de guerre. Les bombes lyddites, fabriquées en grande quantité par les Krupp pour le Relay Gun et tous les autres explosifs puissants, furent utilisées pour démolir les forteresses sur toutes les frontières de l'Europe. Le contenu de chaque arsenal était chargé sur des barges et coulé au milieu de l'Atlantique. Et toute forme d'organisation militaire, de grade, de service et même d'uniforme, fut abolie dans le monde entier.

Une coalition de nations fut formée sous un gouvernement général unique, connu sous le nom d'États-Unis d'Europe, qui, en coopération avec les États-Unis d'Amérique du Nord et du Sud, d'Asie et d'Afrique, organisa un congrès mondial annuel à La Haye. et qui appliquait ses décrets au moyen d'une police internationale. En fait, tous les habitants du globe étaient soumis à un contrôle unique, dans la mesure où les frontières linguistiques et géographiques le permettaient. Chaque État appliquait des lois locales, mais tous obéissaient à la loi supérieure – la loi de l'humanité – qui était uniforme sur toute la terre. Si un individu contrevenait à la loi d'une nation, il était considéré comme ayant offensé toutes les nations et était traité comme tel. La police internationale n'avait pas besoin de traités d'extradition. Le détourneur de fonds new-yorkais qui s'était enfui à Nairobi a été naturellement renvoyé sans délai.

Tout homme était libre d'aller vivre où il voulait, de fabriquer, d'acheter et de vendre comme bon lui semblait. Et parce que la peur et l'ombre de la guerre furent supprimées, les nations devinrent riches au-delà de l'imagination des hommes ; De grands hôpitaux et laboratoires de recherche, des universités, des écoles et des jardins d'enfants, des opéras, des théâtres et des jardins de toutes sortes surgirent partout, financés on ne savait vraiment comment. Les nations ont cessé de construire des dreadnoughts et ont plutôt utilisé l'argent pour envoyer de grandes troupes d'enfants accompagnés d'enseignants voyageant à travers le monde. Il était illégal de posséder ou de fabriquer une arme pouvant être utilisée pour tuer une personne. Et parce que les nations n'avaient rien à craindre les unes des autres, et parce qu'il n'y avait pas de diplomates et de bureaucrates intrigants pour vivre d'antagonismes imaginaires, les gens oubliaient qu'ils étaient Français, Allemands, Russes ou Anglais, tout comme les peuples des États-Unis. Les États d'Amérique avaient depuis longtemps pratiquement ignoré le fait qu'ils venaient de l'Ohio, de l'Oregon, du Connecticut ou du Nevada. Les Russes à la gorge fragile allèrent naturellement vivre en Italie et les Espagnols qui aimaient la cuisine allemande s'installèrent à Munich .

Bien entendu, tout cela ne s'est pas produit d'un seul coup, mais s'est produit tout naturellement après l'abolition de la guerre. Et après que cela ait été fait, tout le monde s'est demandé pourquoi cela n'avait pas été fait dix siècles auparavant ; et les gens étaient tellement intéressés à détruire toutes les reliques de cet emploi méprisable qu'est la guerre, qu'ils en oublièrent presque que l'Homme qui ébranla la Terre avait menacé de déplacer l'axe du globe. De sorte que lorsque le jour qu'il avait fixé arriva et que tout resta tel qu'il avait toujours été - et que tout le monde portait encore des sous-vêtements en maille de lin à Strasbourg et des flanelles à Archangel - personne n'y pensa beaucoup ni ne commenta le fait que l'Anneau Volant n'était plus visible. Et la seule vraie différence, c'est qu'on pouvait prendre un paquebot P. & O. à Marseille et acheter un billet direct pour Tasili. Ahaggar — si l'on voulait y aller — et que les rivages du Sahara étaient devenus la Riviera du monde, peuplée de stations thermales et de points d'eau — de sorte que Pax n'avait pas vécu en vain, ni Thornton, ni Bill Hood, ni Bennie Hooker, ni aucun d'entre eux.

Tout cela est une question de dossier, comme il se doit. Les délibérations de la Conférence n° 2 se sont terminées dans un brouhaha, comme Von Helmuth et Von Koenitz l'avaient prévu, et les transcriptions de leurs discussions se sont révélées sans la moindre valeur scientifique. Mais dans les archives de l'ancien ministère de la Guerre – aujourd'hui appelé Département pour l'allègement de la pauvreté et de la souffrance humaine – on peut lire les messages échangés entre le dictateur du destin humain et le président des États-Unis, ainsi que tous les rapports et observations. s'y rapportant, y compris le rapport du professeur Hooker au Smithsonian Institute sur son voyage dans la vallée du Ring et ce qu'il y a trouvé. Seul le secret de l'Anneau - de l'induction thermique et de la désintégration atomique - en bref, du Rayon Lavande, lui appartient en droit de découverte, ou de trésor, ou ce que vous voudrez, tout comme son brevet sur la voiture de navigation spatiale de Hooker, dans lequel il explora ensuite le système solaire et les régions les plus extrêmes de l'éther sidéral. Mais cela sera dit plus tard.

LA FIN

[1] Les Allemands n'étaient pas disposés à renoncer à l'utilisation des mots « Empire » et « Impérial », même après avoir adopté une forme de gouvernement républicain.

[2] Le président des États-Unis a également voté négativement.

[3] Jusqu'à la date de l'armistice.

[4] Le long de la côte du Saint-Laurent et du Labrador, les autochtones et les résidents locaux parlent toujours d'un pêcheur de saumon comme d'un « officier », la raison étant que la plupart des sportifs qui visitent ces eaux sont des officiers de l'armée anglaise. C'est pourquoi les pêcheurs de saumon sont universellement appelés « officiers », et un habitan décrira les sportifs qui ont loué une certaine rivière comme « *les officiers de la Moisie* » ou « *les officiers de la Romaine* ».

[5] Il a même grimpé avec Atterbury jusqu'au sommet du tracteur, où il a découvert que sa supposition initiale était correcte et que la voiture s'est élevée à la manière d'une fusée terrestre, en raison de la contre-pression de la décharge radiante d'un cylindre massif. d'uranium contenu dans le tracteur. Contre ce bloc jouait un rayon désintégrant provenant d'un petit inducteur thermique dont il ne pouvait déterminer la construction intérieure, bien qu'elle fût évidemment différente de la sienne, et les bobines étaient enroulées d'une manière curieuse qu'il ne comprenait pas. Après tout, il se pourrait qu'il y ait quelque chose dans la théorie d'Hiroshito . Le cylindre du tracteur pointait directement vers le bas, de sorte que le souffle était déchargé à travers le centre même de l'anneau, mais il pouvait être pivoté d'un petit angle dans n'importe quelle direction, et au moyen de cette légère déviation, le mouvement horizontal de la machine était assuré. La caractéristique la plus intéressante du mécanisme était peut-être que l'anneau semblait avoir une stabilité automatique, car l'angle de la direction dans laquelle le tracteur était pointé était contrôlé non seulement par une paire de gyroscopes qui maintenaient l'anneau sur une quille égale, mais aussi par une valve manométrique le faisant voler à une hauteur fixe au-dessus de la surface de la terre. Si elle commençait à monter, la diminution de la pression atmosphérique agissant sur la soupape faisait basculer le tracteur davantage d'un côté, et l'accélération horizontale était ainsi augmentée aux dépens de la verticale.